【公孫策說歷史故事（七）】

覘天命

從貧農到豪族不同出身，
他們為何都能建立王朝？

公孫策 著

〈總序〉三十本經典，一千個故事

經典之所以為經典，因為它的價值歷久不衰。例如我們對經典老歌，總能哼上幾句；對經典名句（如「多行不義必自斃」等）也能琅琅上口。可是一聽到「四書五經」、「經史子集」，大多數人都會敬而遠之。

原因之一，是我們對經典的整理工作，做得太少了。宋朝朱熹注解《四書》，就是一種整理工作，也的確讓《四書》普及於當時的一般人。清朝蘅塘退士輯《唐詩三百首》、吳氏兄弟輯《古文觀止》，也都是著眼於「經典普及化」的整理工作。然而，中華民國建國一百年了，卻未見值得稱道的經典整理作品。

另一個原因，是考試成了教育的唯一目的。於是，凡考試不考的，學生當然就不讀。這不能怪學生，也不能怪老師，事實上大家都為了考試心無旁騖。而那些對經典充滿使命感的大人們，只好規定一些必考的經典。其結果是，學生為了考試，讀了、背了，考完就忘了，而且從此痛恨讀經，視經典為洪水猛獸或深仇大恨——經典反成了學生心目中的「全民公敵」！

城邦出版集團執行長何飛鵬兄對中國經典有他的使命感，城邦也出版了很多「經典整理」的書籍，如：〈中文經典100句〉、〈經典一日通〉等系列。飛鵬兄建議我「以三十本經典為範疇，寫至少一千個故事」，取材標準則是「好聽的故事、經典的故事、有用的故事」。

為此，我發願以四年時間，寫完一千個故事，每天一則，在城邦集團的「POPO原創」網站發表，這項任務在二〇一四年間完成。然而，網路PO文雖然停止，我仍然繼續寫故事，希望這個「說歷史故事」系列可以一直寫下去。

簡單說，這一個系列嘗試以「說故事」的形式，將經典整理成能夠普及大眾的版本。不是「概論」，也不是「譯本」，而是故事書。然為傳承經典，加入「原典精華」，讓讀者又不僅僅是看故事書而已。

公孫策

二〇一一年秋

二〇一五年冬修訂

目錄

〈總　序〉三十本經典，一千個故事　2
〈推薦序〉向開國君主學習關鍵時刻的戰略思維　8
〈推薦序〉歷史和企業都是人才演出的結果　11
〈作者序〉什麼是覌天命？　12
〈導　讀〉釋「天命」　14

【卷一】流氓得天命
漢高祖劉邦
——「吾以布衣提三尺劍取天下，此非天命乎？」　17

1 男兒立志——大丈夫當如是也　24
2 超越項羽——奪項王天下者，必沛公也　36
3 大膽用人——明修棧道，暗渡陳倉　50
4 臉皮夠厚——必欲烹爾翁，分我一杯羹　63
5 誅殺功臣——安得猛士兮守四方　70
6 萬世一系——非劉氏而王者，天下共擊之　78

【卷二】

耕讀世家子弟得天命 東漢光武帝劉秀 83

——讖云：「劉秀當為天子。」
光武曰：「何用而知非僕乎？」

1 起義前後——娶妻當得陰麗華 90
2 能伸能屈——從昆陽到洛陽 97
3 大度能容——推赤心入人腹中 106
4 驅狼趕虎——藉赤眉滅玄漢 116
5 一統天下——既得隴，復望蜀 123
6 光武中興——因襲西漢，以柔道治天下 131

【卷三】

宦官後人終不得天命 三國魏武帝曹操 135

——「若天命在吾，吾為周文王矣！」

目錄

1 千古定論——治世之能臣，亂世之奸雄 145

2 睥睨群雄——挾天子以令諸侯 153

3 赤壁之戰——一著錯天下三分 163

4 自明本志——假仁假義終於未能稱帝 173

5 立儲正確——成功套用周文王模式 180

【卷四】豪族子弟得天命 唐太宗李世民 187

——「天下大亂，非高、光之才，不能定也。」世民曰：「安知其無，但人不識耳。」

1 關隴集團——沒有隋煬帝就沒有唐太宗 196

2 隋失其鹿——李淵舉兵入關中 203

3 用兵如神——削平河北群雄 212

4 骨肉喋血——玄武門兵變 222

5 天可汗——中華夷狄，愛之如一 234
6 貞觀之治——水能載舟，亦能覆舟 243

【卷五】
赤貧階級得天命
明太祖朱元璋 251
——「若天命在我，固自有時，毋庸汲汲也。」

1 紅軍起義——小和尚成了副元帥 261
2 龍盤虎踞——高築牆，廣積糧，緩稱王 268
3 鄱陽大戰——滅陳友諒撫平東南 275
4 大局在握——遙控各路遠征軍 285
5 誅殺大臣——削除帝國權杖上的蒺藜刺 292
6 絕對皇權——大明王朝的性格就此確定 301
〈跋〉得人才者得天命 308

〈推薦序〉向開國君主學習關鍵時刻的戰略思維

公孫策是我好友，滿腹經綸，通古達今，經常在媒體上引用中國歷史故事和現在時事互相印證。只要人性不變，歷史的故事會常常重演，因此我們可以從故事中歸納出行為的通則。這一次，公孫策費盡心力，選了五位開國君主，寫了五個案例，其實創業者和開國君主碰到的環境類似，所以我們可以從創業者的角度，學到創業的關鍵成功因素。

我個人教企業管理三十年，認為企業要成功，一定要「識人識勢，適人適事」。本書中五位開國君主都滿足了這八個字。所以關鍵成功因素，一定是關鍵人才的掌握。這些開國君主個個成功，也都有重要的謀士在旁協助運籌帷幄，訂定戰略；至於執行上，則當然要靠勇猛的武將來執行。

《孫子兵法》有云：「故上兵伐謀，其次伐交，其次伐兵，其下攻城。」創業的英雄，和開國君主一樣，首先要有清晰的謀略（Strategy Clarity），而不是埋頭苦幹。就像書裡面所介紹的開國君主，要先看清楚在群雄併起的競爭環境中，每個英雄的個性如何，資源如何，與其他英雄間的利害關係為何？然後形成戰略，先要跟誰結盟，要先打誰。這就是「謀」的功夫。創業者也是一樣，要先看清楚產業的競爭生態，各公司中間的利害關係為何，資源為何，如何借力使力，再形成競爭策略。

開國君主和創業英雄一樣，都有偏見和盲點，所以要和謀士討論，形成獨特的觀點，才能異軍突起，成就一番事業。大陸電商平台阿里巴巴的馬雲也說過：「戰略，戰略，七分略，三分戰。」所以企業一定要先形成策略，再殺入市場。要不然，就成為本書故事裡有勇無謀的項羽了。

書中這五位開國君主也都有瀕臨戰死的經驗，但個個都死而復生；創業主也是一樣，必須看到別人看不到的機會，冒極大風險，置之死地而後生。如果只是冒尋常的風險，太多人都可以做了，成就不了大事。因此，如何死而復生，就是創業者要面對的問題，而書中每個梟雄都有類似經驗，值得讀者細細體會。

除了人才之外，開國君主也需要資源才能打仗，如何獲得資源，借力使力利用別人的資源，和創業主一樣，也要仔細規劃。書裡面也提供很多案例供大家學習。

開國君主面對的競爭環境瞬息萬變，這點也跟創業主一樣。每個君王面對變動的環境都有不同的判斷和反應，有的因勢利導，有的反其道而行，如何做正確的決策，當然不可一概而論，每個創業主應該向這些開國君主學習，畢竟他們都是從危險的環境中獲得最後的勝利。

本書看似一本歷史小說，但其中的真人真事，很多可以應用到企業決策的原則，真的值得企業管理高階人員好好細讀、體會。作者將複雜的歷史故事以流暢的文筆寫得絲絲入扣，令人不忍釋手，絕對是讀者快樂的知識之旅。

湯明哲

（本序作者為麻省理工學院企管博士，曾任臺大副校長，現任臺大國際企業學系教授）

〈推薦序〉歷史和企業都是人才演出的結果

本書中這幾個故事，若從策略角度看，就是關鍵時刻做了或沒做什麼，這和企業策略大師邁可波特的策略精義「在於決定做和不做什麼」是完全符合。

在王朝爭戰中，針對不同時空環境下，決定做或不做什麼，當然脫不了關鍵人才在當下的策略檢討與決定。這也吻合現代企業，領導者與核心人才是決定成敗的關鍵，畢竟歷史故事與企業也都是人才演出的結果。

「重要的是策略行動，不是策略企圖心。」從企業管理的角度，看這幾段歷史，也印證策略之後的行動才更重要，畢竟有策略沒行動就是空談了。

喜歡讀讀歷史，也在工作上有領導人或被領導者都可以看看此歷史故事……特此為推薦。

聯發科技董事長　蔡明介

〈作者序〉什麼是覘天命

覘，是窺探的意思。書名「覘」天命卻不是要偷窺，而是不要只看歷史的表面，嘗試深入探索「天命」源何而來。但由於天命實在深奧難測，於是只能達到「覘」的層次。

史書上一再出現一個詞「王者不死」，意思是，某人係天命所歸，所以能大難不死，甚至屢屢逢凶化吉，想要害他的人都不成功，因此說他是上天注定的「王者」。可是這個說法是倒果為因，其實是某人在群雄逐鹿天下的淘汰賽中贏得了最後勝利，其他逐鹿對手都死了、投降了，而他沒死、勝利了，他才成為王者。

本書選擇的五位開國君主，都是因為前朝天命終結而興起，其中只有曹操未能建立「天命」，另外四位：劉邦、劉秀、李世民、朱元璋都建立了一個長久的王朝。且因此他們也贏得了撰史權，史書上於是充斥關於他們的各種神蹟，例如：母親與龍交合而生、相貌隆準日角、黃龍現身出生地、出生時二龍戲於門外、生產時紅光滿室等，也是要為他們的

「天命」做佐證。（本書對「天命」的詮釋請見導讀）

然而他們確實屢次逢凶化吉，難道真是因為生有異象、王者不死嗎？還是他們在關鍵時刻「做對」了什麼？本書要「覘」的，就是他們在關鍵時刻，面對機會出現（好運或危機）時所做的決斷。他做了什麼或沒做什麼？是在怎樣的情境、心境之下，依循怎樣的思考做出決定？至於曹操，正好是一個對照，他距離一統天下可說只差一步之遙，他的功業更絲毫不遜於另外四位，那麼，他又為什麼可以稱帝而終其一生不稱帝？

為此，本書在述說歷史中，增加了兩個單元「贊」和「覘」，前者是評論，近似史書作者的曰、言，後者是覘探當事人在當下的心境，和他做成決定、採取作為的思考因素。

用這樣的方式說歷史故事，其實是希望帶動一種學習歷史的方法。錢穆先生說：「讀歷史要在現實中找問題，到歷史裡尋答案。」然而時空迥異、人事殊非，想要複製前人的成功，事實上不可能，但是進入歷史情境，體會前人當時的心境，探索他們導致成功或化險為夷的決策思考——當時局勢中，何者可為，何者不可為？甚至該賭、不該賭？卻是可以學到，而且有事實結果可驗證的。

所謂「覘天命」，就是這個意思。

公孫策

〈導讀〉釋「天命」

「天命」不應該是陰陽學的定義，本書對「天命」嘗試做不一樣的詮釋。

上古時代有信仰而無宗教，農業民族凡事看老天的臉色，於是人們信仰「天」。而地上的政權為了鞏固它在人民心中的正當性，乃宣稱自己得到「天命」。

堯舜時代的禪讓制度，不必託言天命，因為人心（四方部落）認同舜、禹最賢能，他倆繼承堯、舜為領袖理所當然。可是，禹死後，四方部落不歸向禹所指定的繼承人益，而歸向禹的兒子啟，因為啟比較賢能，卻就此走入君主世襲。

夏朝傳到桀，桀暴虐，商湯伐桀是順應人心，但是夏朝建立既久，人心認同夏朝有「天命」，商湯要顛覆夏朝的正統，於是在誓師之時說「有夏多罪，天命殛之」，凱旋之時又說「敢昭告於上天神后」，意思是夏朝失去了天命，並於人心廣植「商朝有新天命」的觀念。後來商朝傳到紂，紂暴虐，周武王伐紂，同樣模式再現，「商罪貫盈，天命誅之」。

簡單說，所謂「湯武革命，順天應人」，「應人」是必要條件，「順天」則是充分條件。

到了春秋時代，周天子淪為名義上的諸侯共主，雖然已經毫無實力，可是當楚莊王向周王室「問鼎」時，王孫滿仍能理直氣壯的回答「天命未改」。

【原典精華】

楚子問鼎之大小、輕重焉。對曰：「在德不在鼎。……桀有昏德，鼎遷於商，載祀六百。商紂暴虐，鼎遷於周。……周德雖衰，天命未改。鼎之輕重，未可問也。」

——《左傳‧王孫滿對楚子》

楚莊王當時討伐戎人得勝，班師途中將大軍開到雒邑城外示威，派出使者向周天子「問鼎」，王孫滿對楚使說：「重點在德而不在九鼎，周王室雖然式微，天命卻還沒改變，不是你們楚王可以問的。」王孫滿這番話點出了一個鐵則：前一個「天命」若尚未終結，就沒有下一個「天命」。

直到秦始皇削平六國，周朝的「天命」才結束了。秦始皇得了天下後，用和氏璧鐫刻一方傳國璽，璽文「受命於天，既壽永昌」，目的當然是為了彰顯秦朝建立是擁有「天命」的，可是這方傳國璽卻在十五年之後就呈獻給了劉邦。劉邦拿到了傳國璽，並且擊敗項羽得到天下，但是漢朝的「天命」卻不是因傳國璽而建立，是因為西漢政府的治理得人心，國祚延續了兩百多年。

於是前述的鐵則有必要做一些修改：周的天命告終，而秦的天命不能建立，漢朝才有了機會。必要條件「應人」雖然不變，但充分條件「順天」不同了：「天命」不是製造神話或擁有傳國璽就能建立，必須年祚夠久，而年祚久遠則建立在治理得人心上面。漢朝董仲舒說得最明白：「天之生民，非為王也；而天立王，以為民也。故其德足以安樂民者，天予之；其惡足以賊害民者，天奪之。」簡單說，就是得人心才能得天命。

本書五位主人翁都是在前朝失去「天命」，兵革四起的情勢下，贏了逐鹿大賽，後來也能長治久安，乃建立了「天命」。

公孫策
二〇一八年冬

卷一

流氓得天命

——漢高祖劉邦

「吾以布衣提三尺劍取天下，此非天命乎？」

秦失其鹿，天下共逐之，這是劉邦的時代背景。有道是「時勢造英雄，英雄造時勢」，如果不是時代發生巨變，劉邦恐怕終其一生都只是個不務正業的流氓。

然而，天下事實上大亂了，亂世一定出英雄，而劉邦在群雄逐鹿的亂世中最後勝出，這是時勢造英雄；劉邦建立了大漢帝國，而西漢盛世使得天下人認同自己是「漢人」，也就是說，劉邦建立了一個「天命」，這是英雄造時勢。

一個流氓憑什麼完成如此功業？從流氓變成英雄，再變成天子，這不是普通的蛻變，不是輕鬆一句「時勢造英雄」可以涵蓋說明。要覘探這個蛻變過程，最先得瞭解那個時代發生了什麼巨變？「秦失其鹿」是怎麼回事？秦始皇威服天下，秦帝國卻在他死後隔年就天下大亂，第四年就滅亡，是怎麼搞的？

秦國削平六國其實有著歷史的必然性，因為一百多年的戰國時代，使得天下人渴望和平，而當時秦國的制度最受天下人歡迎，也就是說，秦王政完成統一是「時勢造英雄」；而嬴政成為秦始皇之後，展現了雄才大略，想要建立一個萬世一系的帝國，那是「英雄造時勢」。

問題在於，秦政府卻沒能跟上秦始皇的雄才大略：一個中央集權的帝國，首要之務是廢除封建，施行郡縣制。可是秦國的集權政府原本只統轄關中，一下子要在三百多萬平方公里的疆域內，建立號令一致的統一帝國，中央集權的神經要到達末梢，短時間內肯定是不可能的任務。單以郡縣制的官吏來源而言，就是一個大問題，各級地方政府嚴重缺乏行政人才，卻硬要推行新法，就只能用嚴厲刑法採高壓執行，於是「天下人不敢言而敢怒」。等到秦始皇死了，老百姓懼怕的那個「天威」不在了，人民的怒氣一股腦湧出，加上秦二世失政（如指鹿為馬），於是「秦失其鹿」。

天下豪傑群起逐鹿了，可是劉邦又怎麼擊敗群雄的呢？

嚴格說來，劉邦其實只擊敗了一個對手——項羽。實際的發展過程是，項羽擊潰了秦軍，且一度宰制天下，但是他卻惹翻了大多數的逐鹿對手，而劉邦能夠網羅或聯合各方豪傑，最終擊敗了項羽。也因此有這樣的評論：劉邦其實沒太大才能，只是善於用人再加上運氣好而已。這個評論真的太「瞎」了。在那個英雄豪傑輩出的年代，善於用人正是最重要的才能，而他的對手項羽又偏偏最會把人才往外推，於是劉邦贏了。

「善於用人」簡單四個字，其實涵蓋很多面向。劉邦曾經對諸將吹噓：「項羽有一范增卻不能用，而我能用蕭何、張良、韓信。」但劉邦的最長處卻不在知人善任，而在於他知道且承認別人比他優秀，卻不怕也不嫉妒別人比他優秀，因此劉邦敢用比他優秀的人。他總是頭腦清楚「當下誰是主要敵人」，因而能夠放下身段籠絡潛在對手（如韓信、彭越），並容忍「不會造反」的人（蕭何自污、張良辟穀，就是這兩位聰明人懂得如何讓劉邦放心）。他也從不拒絕任何有用的建議，可是一旦出現更好建議，卻能夠不顧顏面立即「髮夾彎」（例如原本製作印信以籠絡六國後人，在聽了張良一番話後立即銷毀）。

至於運氣好（傳統所謂的「天命」），劉邦一生確曾接到很多次「天上掉下來的機會」，但重點在於，當機運出現時，他的反應或決策總是能「揮出安打」，那是運氣？還是才能？

也有人發現，劉邦一生幾乎都是被動，很少採取主動。事實證明，劉邦被動掌握機會的決策幾乎都是成功的，被動卻能夠順應時勢、把握機會、取得勝利，跟他的流氓性格大有關係。流氓沒有身家背景，沒有社會資源，凡事靠朋友相幫，因此珍惜友情，愛護部屬；流氓性格也使得他能夠不在乎面子、榮譽，一切生存至上，實利先拿再說；同時他必須能忍受痛苦、承受風險，卻也因而不為土地、資產所拘束，大大增加了他的生存能力。這正是他數度慘敗後能夠鹹魚翻生的最重要因素——他跟著感覺走，不會強求自己跟部屬去完成一個遙不可及的遠大目標，能力到哪裡，就做到那裡。（印證馬援評論「高祖無可無不可」，事見第二卷）

從時代角度分析劉邦擊敗項羽的原因：首先是順應大勢所趨，前面述及秦始皇廢封建是回應時代需求，可是項羽卻大封諸侯，開了時代的倒車；其次，秦始皇未能完全消滅

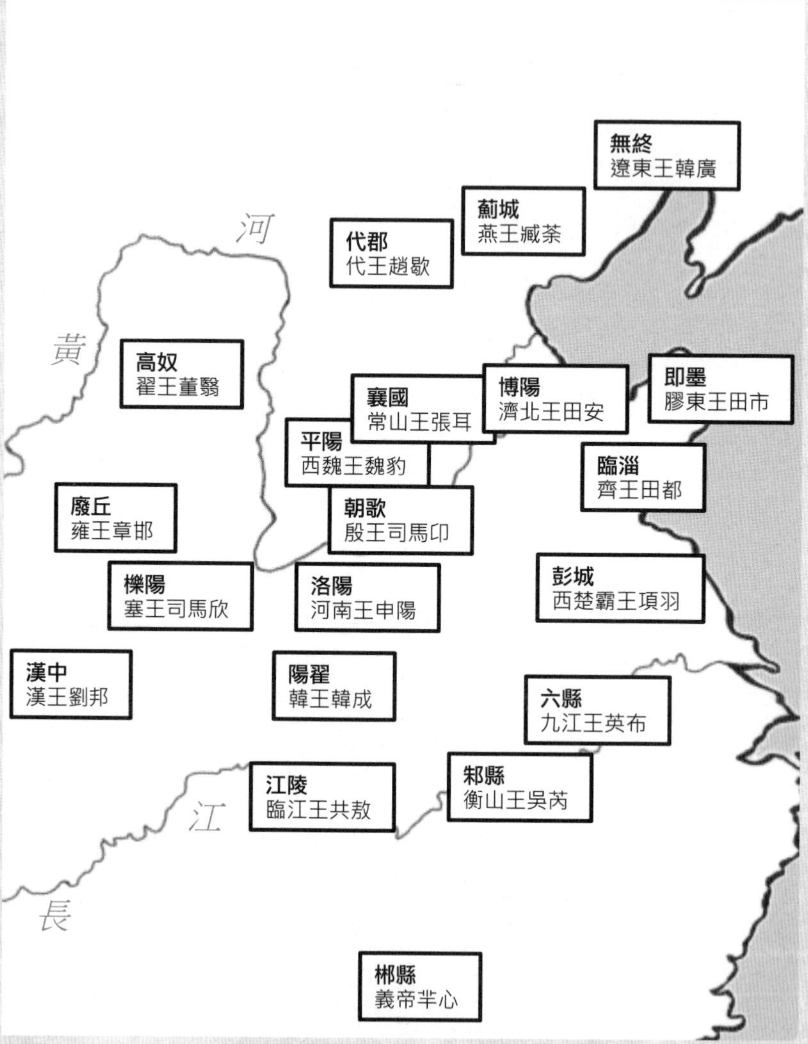
河
黃
長
江
無終
遼東王韓廣
薊城
燕王臧荼
代郡
代王趙歇
高奴
翟王董翳
襄國
常山王張耳
博陽
濟北王田安
即墨
膠東王田市
平陽
西魏王魏豹
臨淄
齊王田都
廢丘
雍王章邯
朝歌
殷王司馬卬
櫟陽
塞王司馬欣
洛陽
河南王申陽
彭城
西楚霸王項羽
漢中
漢王劉邦
陽翟
韓王韓成
六縣
九江王英布
江陵
臨江王共敖
邾縣
衡山王吳芮
郴縣
義帝羋心

項羽分封天下

的，是周朝以來的「貴族／庶民」階級劃分，而項羽處處展現貴族氣息，劉邦則因出身農民階級，符合「打破階級」的大勢所趨；其三，項羽對諸侯、諸將態度傲慢，例如他在鉅鹿之戰大顯威風之後，鉅鹿城外那些怯戰而只敢作「壁上觀」的諸侯進入項羽大營，都匍匐前進「莫敢仰視」，但劉邦卻能壓抑脾氣，容忍部屬或盟友跋扈（如韓信請求當齊王）。所以最後的結果是：六國的後代多半都被項羽消滅了，而出身草莽的韓信、彭越、英布等，都棄項羽而投劉邦。

一個有趣的說法：楚漢爭霸的過程，劉邦是「失敗為成功之母」，積無數小敗成就最後大勝，而項羽是「成功為失敗之母」，個人戰無不勝，但每勝一次，地盤卻變小；另一個有趣的比喻是：項羽好比拳王，劉邦則是街頭老大，但是他倆的對決卻不是在「繩圈內」進行，所以拳王不敵黑道。比喻得貼不貼切，請讀者往下看，自有評斷。

1、男兒立志——大丈夫當如是也

劉邦是流氓，但劉家並不貧窮。劉邦有個異母弟劉交，是荀子的學生浮丘伯（與李斯、韓非同窗）門下弟子，簡單說，劉太公有能力娶不只一個老婆，還有能力供兒子投入名師門下。而劉邦「不事家人生產作業」，除了顯示劉家有田地，也顯示劉邦做為農家子弟卻不種田、不務正業、遊手好閒，所以說他是流氓。

劉邦的流氓性格事實上影響了他一生的事業。

起義之前，劉邦唯一曾經幹過的正業是泗水亭長。秦制每十里一亭，亭長掌管治安、民事及過往旅客，用流氓管理治安與戶口，在缺乏基層官吏養成訓練的當時，不失為壓制良民的有效方法。劉邦因為擔任亭長而能結交沛縣的小吏（基層公務員），而且能夠跟大夥稱兄道弟。

起初劉邦帶著兄弟去寡嫂家裡吃喝，嫂嫂很討厭他，好幾次故意在灶間用杓子刮鍋子發出聲響，兄弟們聽見鍋子已經見底，當然識趣的告辭。嫂嫂那裡混不到吃喝，劉邦另外找到施主，一個姓王、一個姓武，兩位婦人都經營酒肆。劉邦帶著兄弟去吃喝，總是豪爽的加倍給酒錢，但事實上他常常賒帳，可是到年底結算時，王大娘、武大嫂往往將劉邦的賒帳一筆勾銷。

劉邦能夠結交的都是小吏，但是有一件事情卻讓大吏對他另眼看待：一位有錢人呂公為避仇家，來到沛縣依附縣令。呂公擺酒款待沛縣的豪傑、縣吏，主吏蕭何幫呂公主持酒宴，向來賓宣布：「致贈禮金不滿一千錢的，坐在堂下。」劉邦寫了一張禮帖「禮金一萬」，但事實上沒帶一文錢。

呂公被這張禮帖驚動了，起身到門前迎接這位貴客。而蕭何是知道劉邦底細的，怕縣令的貴客被一張空頭禮帖矇了，便對呂公說：「劉季這個人，大話說很多，可是很少兌現。」但呂公完全不介意，因為他會看面相，一見劉邦面相不凡，非但不介意劉邦「空手到」，態度還特別禮遇，親自引他入座。席間呂公更一再以目示意，要劉邦吃完酒席後留下來，甚至還將女兒呂雉嫁給劉邦。（註：呂公可能真會看相，他的另一個女兒嫁給了樊噲，當時只是個屠狗的，後來追隨劉邦打天下而封侯。）

蕭何這下對他另眼相看了，這個流氓亭長雖然大言夸夸，卻懂得把握機會推銷自己，從此對劉邦特別照顧。當時亭長有一個任務是押送「驪山徒」去咸陽做工——秦始皇徵用天下囚徒到驪山，興築阿房宮和修他的陵墓，稱為驪山徒。亭長的出差費是三到五枚大錢（一枚大錢等值於一百小錢），蕭何總是給劉邦五枚。

劉邦到了咸陽，眼界大開，當他看見秦始皇出巡的車仗時，脫口而出：「大丈夫當如是也！」這句話數千年來被拿來跟項羽那句「彼可取而代也」做對比。項羽是故楚國貴族後人，看見秦始皇的排場，立興取而代之的念頭；劉邦是平民，且好逸惡勞，乃只想「做人做到那樣才叫大丈夫」。無論如何，劉、項二人都敢「做大夢」，才會有後來的大事業。

天下囚徒齊聚驪山，天下亭長也都到了咸陽，亭長與亭長，囚徒與囚徒，想必一同居住、吃喝、打屁，亭長與囚徒於是都見聞廣博，不再是鄉下草民，後來抗秦起義能夠一呼百應，跟驪山徒與編戶（低端人口社區）戍卒勇於帶頭造反很有關係。

劉邦最後一次押送驪山徒的任務，使得劉邦做出了他一生第一個重大決定。

那一次，隊伍才離開沛縣進入大澤區，就有囚徒陸續逃跑，於是在豐邑西邊的沼澤地帶（劉邦是沛縣人，豐、沛二縣都濱臨古沛澤）停下來，請大夥喝酒。劉邦對這批囚徒役工說：「兄弟們各自散去吧，我也要就此消失了！」趁夜將全體徒眾縱放，其中有十幾位選擇追隨劉邦逃亡。

【說】

當下劉邦必須做出抉擇，要不要繼續往前走？有可能距離家鄉愈遠，囚徒就愈不敢逃跑，他可以將還沒逃跑的帶到咸陽；但也可能逃亡情況會愈嚴重，最後只剩下他一個人。但無論哪一種情形，他都將不免於嚴苛的刑罰。

劉邦心想：「這樣子去到咸陽，我自己也要成為囚犯了。」於是他的流氓性格開始發酵，豪爽的縱放了所有囚徒，卻因此有了第一批「革命弟兄」。

劉邦與追隨者帶著酒意走在沼澤區，派一人在前面擔任尖兵。走著，走著，尖兵回報：「前面有一條大蛇擋在路上，咱們回頭吧！」

劉邦仗著酒意，說：「男子漢大丈夫，怕什麼？」走上前去，拔出劍將那條大蛇斬為兩段。小徑通了，眾人繼續前行。

後面隊伍走到大蛇被斬地點，看見一位老嫗在黑夜中哭泣，問她怎麼了？老嫗說：「我的兒子被人殺了。」

「妳的兒子為何被殺？被誰殺了？」

「我的兒子是白帝之子，化身為大蛇，卻被赤帝之子斬了，所以我在此哭泣。」眾人以為她胡言亂語，那老嫗卻突然不見了。等到後面隊伍追上主隊，劉邦酒也醒了，有人將方才路上所見所聞告訴他，劉邦內心竊喜（不是驚異，不是害怕，而是竊喜），而追隨者因此對他愈來愈敬畏有加。

【覘】

這則故事是《史記》的記載，司馬遷寫《史記》態度嚴謹，捨棄了很多他認為荒誕不經的材料，但是他卻收錄了這一段。相信不是司馬遷拍馬屁，而是這個神話與其他關於劉邦的神話都流傳久遠，且為楚地人們言之鑿鑿。包括：劉邦的母親在大澤中與蛟龍交配而生下他；劉邦的左大腿有十二顆黑痣，醉臥時身體上方常常有蛟龍現形。

這些神蹟傳說在劉邦藏匿大澤時期被廣為誇大，尤其是別人都找不到他，只有他的老婆呂雉（後來的呂后）總是一找就找到。劉邦問她怎麼找到的，呂雉說：「你藏身之處的上方有雲氣，所以我每次都找得到。」合理的推測，呂雉縱使不是誇大神蹟的主導者，也是主要角色，也因為她具有如此特質，才能在劉邦死後統御列侯諸將。

總之，沛縣年輕人聽說那些「神蹟」，就有更多人跑到大澤追隨劉邦。

秦始皇駕崩，秦二世比老爸更嚴苛暴虐，陳勝、吳廣率先揭竿起義，占領陳縣稱王，原楚地郡縣紛紛響應，很多郡守縣令主動易幟。如此現象有其原因：趙高建議秦二世樹立權威，「郡縣守尉有罪者一律誅之」，郡縣長官為之惶惶，每天都生活在恐懼當中，既然有人帶頭，當即附和造反。而那些嚴格執行秦帝國嚴刑峻法的郡縣，則是鄉人殺了郡守縣令，然後推一位領袖響應起義。陳勝派出的遠征軍將領周市，甚至一路打到函谷關，沿途郡縣望風披靡——以上正是「秦失其鹿」的初期場景。

沛縣就在陳縣附近，沛縣縣令見大勢所趨，也想起兵響應陳勝。沛縣的主吏蕭何、獄掾曹參對縣令說：「閣下身為秦朝官員，如今想要起事，只怕沛縣子弟不肯聽命。如果閣下召喚那些在山澤地區的亡命之徒，可以聚集數百武力，以之脅迫沛縣子弟，他們就不敢反對了。」

縣令乍聽之下覺得有理，於是蕭何派樊噲去召喚劉邦。

當時劉邦在大澤中已經聚集了數十、近百徒眾，他當然不會放過這個天上掉下來的機會，馬上行動，一群亡命之徒遂直往沛縣城而來。這時候，沛縣縣令卻又反悔了，他擔心生變，緊閉城門不讓群眾進城，甚至起意要殺蕭何、曹參。蕭何、曹參這下沒有退路，兩人從城牆上縋出城外，投奔劉邦。

劉邦此時面對難題：城門關了，要攻打縣城嗎？

第一、自己只有數十、近百人，未必攻得下來；

第二、那樣可能嚇到老百姓，後頭就甭想團結人心了。

於是，劉邦寫了一封帛書射入城中，信上說：「天下人受秦國暴政之苦已經太久了。父老們今天如果支持縣令（為秦帝國）守城，外頭的世界已群雄並起，遲早會屠滅沛縣。如果沛縣民眾一同誅殺縣令，選擇沛縣子弟中可擔任領袖的人，大家擁護他，以響應起義軍，則家室可以保全。如果不這樣，父子都將被屠殺，千萬不要做這種蠢事！」

沛縣父老見信，率領子弟一同攻殺縣令。沛縣一位公務車御者夏侯嬰以前每次送客回縣城時，常常會在泗水亭停留，跟劉邦聊天飲酒，兩人因此成為好友，這時他帶頭開城門迎接劉邦。

【覘】

《史記》中這一段，司馬遷文筆流暢，寫來自然。可是我們若往深層處想一下：蕭何、曹參是沛縣政府裡頭最有權力的兩個「吏」（上面只有縣令一個「官」），一個管白道，一個管黑道，為什麼他倆會那麼推崇劉邦？甚至賭上身家性命追隨革命，在後來爭天下的過程中，不論安危始終如一？

還有那位開城門的夏侯嬰，前面提及他跟劉邦有交情。有一次，劉邦失手打傷了夏侯嬰，他居然作偽證掩護劉邦，結果自己被關了一年多，這根本是「兩肋插刀」了。而後來爭天下過程中，夏侯嬰即使已經封了侯爵，始終擔任「太僕」（相當於交通部長的職位）為劉邦駕車，包括被匈奴冒頓單于包圍在白登山那一次，也是夏侯嬰載著劉邦脫險。這已經不是江湖道義可以解釋，而是劉邦必有某種特殊氣質，讓人對他矢志不二。這一點不只表現在一干沛縣老兄弟身上，後來的張良、韓信、陳平、酈食其等也一樣。

總之，劉邦在父老擁戴下成為沛公，蕭何、曹參、樊噲等幫他召募了沛縣子弟二、三千人，讓他一下子成了二、三千人義軍的首領，這個沛公簡直是天上掉下來的，難道這就是「得天命」了嗎？

沛公劉邦在起義初期，與秦軍互有勝負，然後劉邦做了一個重要決定：加入項梁。以劉邦的流氓性格，應該是「寧為雞首，毋為牛後」，他為什麼不自己稱王，要加入項梁？

【覬】

揣測劉邦投奔項梁的理由：打仗靠軍隊，軍隊要吃飯，劉邦的義軍在沛縣、豐邑家鄉還有得吃，想要走遠一點攻城掠地，就得解決糧食供應的問題。史書上記載，沛公幾次出征得勝之後，總是「回到沛縣」，應該就是糧食問題。而項梁除了楚國名門家世之外，還有楚懷王這個傀儡做號召，只要是故楚國地界，招兵募糧都很順利，所以劉邦加入項梁，應該不是甘居人下，而是現實問題。

項梁是故楚國大將項燕的兒子，項羽的叔叔。陳勝敗死後，楚地義軍群龍無首，一位智者范增去找項梁，說：「楚國有一位預言家南公曾說『楚雖三戶，亡秦必楚』。閣下自江東起兵，楚地各義軍紛紛加入你的陣營，就是因為你們家世世代代擔任楚國大將，期待閣下能為楚復國呀！」

項梁立即派人明查暗訪，在民間找到了楚懷王的孫子羋心（故楚王室姓羋，羋音「米」），羋心雖然只是個奴僕身分的牧羊人，項梁仍擁立他為王，並且襲用「楚懷王」的名號，迅速得到楚地義軍的認同。項梁自稱武信君，兵權一把抓。

但是劇變發生：項梁在接連勝利之後，犯下兵家最嚴重的錯誤——輕敵。秦將章邯在獲得咸陽增援之後，在定陶（今山東荷澤市內）夜襲項梁，項梁戰死，項羽、劉邦等都回軍要報仇，可是章邯大軍已經往北進攻趙國。

原本只是傀儡的楚懷王，這下「硬」起來了，他迅速接管軍隊，表面上將項羽、劉邦、呂臣等項家軍將領都封侯加官，實質上自己掌控軍隊。為了安撫軍心，楚懷王跟諸將約定：「先入關中者王之。」而劉邦受到楚懷王的重用，是因為他有平衡項羽的作用。

當時秦將章邯聲勢如日中天，楚軍將領沒人敢肖想「關中王」，只有項羽跟劉邦主動請纓（敢做大夢的人才敢賭大的）。楚懷王身邊的老將對懷王說：「楚軍之前進攻關中，包括陳王（陳勝）和項梁都失敗收場，因為秦國人民對楚軍存有疑慮。項羽攻下一個城池，常常坑殺俘虜，所過之處無不屠滅。如今要進攻關中，應該派一位仁厚長者，告諭關中父老，楚軍不會侵擾百姓，比較有成功希望。沛公是一位寬大長者，應該是適合人選。」於是楚懷王派項羽北上救趙，派劉邦西上攻秦。

這一次，劉邦已經不是亭長帶領囚徒，而是遠征軍主帥，率領大軍西進咸陽。

【贊】

劉邦從流氓到天子，沛縣這一批老同志始終追隨，不但忠心耿耿，而且「沛縣團隊」都能隨著事業版圖持續擴充而進步，能夠擔當更重的任務，蕭何是其中的代表人物。

從在沛縣慧眼識英雄開始，蕭何從提拔劉邦的「貴人」，改變角色成為輔佐劉邦的首席幕僚，這是非常不容易的事情，一般人肯定做不到。即以項羽陣營的范增來說吧，范增對項羽始終是倚老賣老的指導式姿態，但蕭何自劉邦成為沛公以後，就一直是幕僚姿態。本章故事中，射入沛縣城內的那封信，劉邦大概寫不出來，最可能是蕭何的手筆；後來入關，跟咸陽父老「約法三章」，多半也是蕭何的細膩設計。

而蕭何最令人欽佩的，是進入咸陽後，劉邦在秦宮當起「大丈夫」，其他諸將忙著劫掠，蕭何卻進入秦國丞相府，收集所有圖籍文書；劉邦封起秦宮寶庫回到霸上，蕭何卻帶走了丞相府所有圖籍文書。在後來的楚漢相爭中，蕭何因為有秦國的圖籍，曉得哪個地方有多少人丁、能收多少稅賦、哪個地方的穀倉能存多少糧食，而能供應前線戰士、糧草不匱乏。更重要的，蕭何能夠隨著劉邦的事業擴大而提升自己，他永遠是第二把手。

蕭何可以視為沛縣團隊能夠與時俱進的例子，小小沛縣居然有忒多人才，那是不是劉邦的「天命」呢？

2、超越項羽——奪項王天下者，必沛公也

沛公引兵西進，除了沛縣子弟兵外，他收攏了陳勝、項梁的殘兵，兵力總數達到五、六千人。他率領的楚軍一開始還頗順利，打贏了兩場小戰，又收編了一些獨立武力，也跟打著魏國旗號的義軍合作。但隨著兵馬愈益增多，聲勢壯大了，糧食壓力隨之而來，於是他轉向北方攻擊昌邑，那是章邯的後勤糧倉所在。

但是昌邑的守備堅強，楚軍久攻不下，劉邦盤算不能被困在昌邑，終於決定放棄，將圍攻昌邑的任務留給彭越。彭越是秦末逐鹿大戲的重要角色，他基本上不離開家鄉太遠，領著梁地（今河南南部一帶）義軍在本地打游擊，起先對抗秦軍，後來抵抗項羽，偏偏就跟劉邦合得來。

劉邦繞過昌邑，繼續向西，到了高陽（昌邑、高陽都在今開封市內）。本地一位號稱「高陽酒徒」的寒士酈食其，平素不治生產，好為大言，對逐鹿群雄都看不上眼，獨鍾情劉

邦，所以透過朋友向劉邦推薦「同鄉酈先生」，劉邦就派人去召喚酈食其。酈食其來到了賓館，沛公高踞床上，正在讓女僕為他洗腳，這是非常輕慢的態度（古時床等於椅子，主人若不下床，以跪床見客為禮）。

酈食其沒有拂袖而去，面向劉邦長揖不拜，吐嘈說：「閣下是要幫秦國攻打諸侯？還是想領導諸侯攻打秦國呢？」

劉邦聞言開罵：「你說的是什麼屁話？說我要幫助暴秦攻打諸侯？」

酈食其說：「閣下若是要聚集兵眾、聯合諸侯攻秦，就不應該以這種傲慢的態度接見一位長者。」

劉邦立刻停止洗腳，起立整肅儀容，恭請酈先生上座，向他致歉，吩咐擺酒食款客，然後請教：「依先生高見，我現在西向進軍關中，有什麼妙計嗎？」

酈食其說：「閣下糾集一些烏合之眾、散亂之兵，人數不滿一萬，想要以此直攻強秦，那無異羊入虎口。我認為，陳留（在今河南開封市境內）這地方是天下通衢要道，四通八達，陳留縣城內又囤積了很多米糧。我跟陳留縣令素有交情，請任命我為使節，勸他向你投降。即使他不聽從，閣下再發兵攻城，我可為內應。」

劉邦於是派酈食其去游說陳留縣令，縣令向沛公投誠，劉邦得到陳留，大樂，封酈食其為廣野君。

酈食其堪稱「逐鹿第一說客」，他這回不但幫楚軍解決了糧食問題，更為劉邦西進定下戰略基調——懷柔而不力取。

當時秦軍戰鬥部隊的主力都隨章邯、王離東征，正在鉅鹿包圍趙王，從關中到河北之間的郡縣守軍大多缺乏戰鬥意志，因此劉邦的懷柔戰略大大發揮作用。

這個時候，又一位重要人物來跟劉邦會合——張良。

張良的祖先在戰國時世代擔任韓國的丞相，可是張良沒機會當丞相，因為秦國滅了韓國。張良散盡家財，收買刺客，在博浪沙行刺秦始皇，結果誤中副車，秦始皇沒事，張良反被通緝。亡命途中遇到奇人黃石公，傳授他太公兵法。張良與劉邦一同投奔項梁，他對沛縣義軍將領（周勃、曹參、樊噲等）說太公兵法，那些將領都聽不懂，可是劉邦每次都一聽就懂，張良驚嘆的說：「沛公難道是天命所託嗎？」

【原典精華】

良數以太公兵法說沛公，沛公善之，常用其策。良為他人者，皆不省。良曰：

「沛公殆天授。」

——《史記・留侯世家》

【贊】

劉邦沒讀過什麼書，哪可能兵法一聽就懂？反而是贏得酈食其和張良兩大謀臣的向心，卻也看出他的「天授」。

首先，面對酈食其的吐槽，劉邦沒有聞過則怒——換做項羽的話，酈食其恐怕已經人頭落地了。而當酈食其證明他那一套確實好用之後，劉邦就此高懸「懷柔」為最高戰略，這是劉邦能夠始終保持戰力，一路挺進關中的原因。

同時，酈食其也因此對劉邦死心塌地，士為知己者死，這是中國讀書人的「罩門」。至於張良，往後劉邦對他更是幾乎言聽計從，因為劉邦識貨，發現張良的意見高過其他人，這種能力才是「天授」。

張良一心想著幫韓國復國，之前他說服項梁，立故韓王室的公子韓成為韓王，回韓地打游擊，做為楚國的外援。項梁同意，於是張良輔佐韓王回到故土，攻下了好幾個縣。劉邦大軍到達，張良此時追隨劉邦西征，韓王則留守陽翟（故韓國首都）。

西征軍在南陽（今河南南陽市）遇到抵抗，南陽郡守齮（人名，音「以」）死守宛城（南陽郡治），劉邦想要繞過，張良看出他急於入關，提出建議：「閣下急著要進武關，可是秦軍數量仍多，且扼據險要，如果不攻下宛城，萬一宛城部隊襲擊你的背後，秦軍前後夾擊，將立即陷入險境。」於是依張良之計，大軍佯做繞路，趁夜急行軍轉回宛城，天亮時宛城已經被包圍三匝！

齮原本以為狀況解除了，孰料一覺醒來情勢丕變，鬥志全失，張皇失措，舉劍想要自殺。幕僚陳恢勸住老闆輕生，自己跳城晉見沛公，建議公開招降納叛，封給郡守一個官爵，帶走他的兵力，但賦予他守城責任。劉邦本來就不想攻城（酈食其的戰略），於是封齮為殷侯，封陳恢為千戶（秦制爵位名稱），大軍繼續西行，一路上所有城池都聞風歸降。

楚軍順利通過武關，那是關中南邊的門戶，軍情吃緊催化了咸陽城中的宮廷政變，先是趙高發動兵變殺了秦二世，之後派人跟劉邦談判「分王關中」，劉邦拒絕；不得已，趙高立子嬰為秦王（已不敢稱帝），子嬰又設局殺了趙高，然後派兵增援最後一處險要嶢關。

劉邦想要強力攻下嶢關，張良提出他的計謀：「我聽說嶢關守將是屠夫之子（古時候並無屠宰專業，屠夫就是肉舖老闆），這種市儈之徒容易動之以利。請沛公您留在營壘之中，派一支部隊載運五萬人的糧秣，在附近山上多張旗號做為疑兵。再令酈食其帶著貴重的財富去賄賂秦將，勸他歸順。」

張良對秦將的性格分析果然正確，秦將接受了禮物，表示願意和沛公聯軍攻向咸陽。劉邦正高興得要答應這個提議，張良卻說了：「這只是守關將領一個人動念背叛秦帝國，恐怕士卒並不情願（因為秦國法律嚴酷，背叛者的家人會受到懲罰）。如果士卒不聽從守將的命令，那就很危險了！不如趁他心防鬆懈時發動突襲。」於是劉邦發動攻城，大敗秦軍，攻下嶢關，再一路追擊，又連勝兩仗。就這樣大軍直薄咸陽城郭。

劉邦派出使節與秦國約降，秦政府此時已完全沒有抵抗的意志，於是子嬰坐著白馬拉的喪車，脖子上套著繩索（以示隨時準備自殺），帶著皇帝的所有印信：璽（發布敕令）、符（調兵遣將）、節（外交使節），在咸陽城外的軹道亭路邊，秦國君臣下車，向勝利軍投降。多位楚軍將領主張立即誅殺子嬰。沛公說：「當初大王（楚懷王）指派我西征，就是因為我能夠寬容。更何況他已經投降，殺降者一定不祥。」將子嬰交付軍法官監管，秦帝國就此滅亡。

劉邦進入咸陽秦宮，看見珍禽異獸、貴重的寶物與成群美女，真是心花怒放。記得他初見秦始皇儀仗時說過「大丈夫當如是也」，現在他真的可以好好過一下「大丈夫」的癮了，當然很想在咸陽宮中長住下來。樊噲進諫，說：「這些玩意兒，都是造成秦帝國滅亡的原因，你要它做啥？請趕快回到霸上軍營，不要留在宮中。」劉邦不聽。

張良再進諫，說：「秦帝國施政不仁，沛公您才得以進入咸陽宮。如今才剛進入咸陽，就想要跟秦二世一樣享樂，這正是所謂『助桀為虐』（幫助延長暴政）。樊噲所說，是忠言逆耳、良藥苦口，沛公還是應該採納忠言才是。」劉邦於是將秦宮的財物、寶庫都加封，自己回到霸上軍中。

【覘】

終於進了咸陽，「大丈夫」可以「當如是」了，劉邦為什麼不殺子嬰，又退出咸陽皇宮？

從軹道受降那一刻，劉邦的心態已經不再是「沛公」，而是「關中王」。

不殺子嬰是向關中人民展現寬大作風，因為秦國從商鞅變法以來一直是嚴刑峻法，關中人民對一位寬大的征服者會立即產生好感，這一點跟後面「約法三章」是同一邏輯思維。

退出秦宮還軍霸上也證明了，劉邦能夠完全拋棄亭長時代的「大丈夫」夢想。事實上，劉邦往後一再展現「與時俱進」特質，隨著他的事業版圖擴大而不斷自我進步。

離開咸陽城之前，沛公集合咸陽父老，對他們宣布：「父老受秦國的苛法為虐太久了！我跟諸侯相約，先入關者為王，所以，我理當稱王。本王與各位父老約定三條法律：殺人者死；傷人及竊盜接受與犯行相抵之刑罰；其他秦國的苛法一律廢除。我們義軍來關中，是為父老除害，不是要搶奪你們的財富，不必擔心害怕。」約法三章之後，再派人協同秦國官吏到關中地區所有縣、鄉、邑布告周知。關中人民簡直高興死了，紛紛帶著牛、羊、酒食去霸上勞軍，沛公卻一律不收，說：「公家糧倉裡食物充足，不須老百姓破費。」關中人民這下更喜歡沛公了，深怕劉邦不當秦（關中）王。

率先進了關中，人心也希望他當關中王，可是劉邦不敢，因為項羽要來了。

項羽受楚懷王之命，率軍去解鉅鹿之圍，那一戰樹立了他的霸王威名，秦將王離陣亡，諸侯晉見項羽時都膝行而前，連抬頭都不敢。秦軍主帥章邯原本還跟項羽對峙，等到聽說趙高要追究他兵敗責任，就向項羽投降了。於是項羽帶領諸侯大軍西進咸陽。可是楚軍先是屠殺鉅鹿投降的秦軍戰俘，攻打下來的城池也總是遭到劫掠甚至屠殺，因此一路上所有郡縣都拚死抵抗，遲滯了項羽西進的腳步。劉邦率先入關的消息傳來，項羽更急，愈急就愈猛烈攻擊，遭到的抵抗也愈強烈，但是畢竟項羽太強了，大軍很快地到達函谷關。

函谷關是一處天險，戰國時期諸侯合縱抗秦，聯軍多次兵臨函谷關下，可是都攻不進關中，因此有所謂「以一泥丸塞住函谷關，即可保關中」的說法。偏偏還真的有人跟劉邦做了這個建議，劉邦也真的派出軍隊防守函谷關。當然項羽大怒，展開攻擊，不破的函谷關破了，項羽大軍入關，駐軍鴻門。

項羽的首席謀士范增對項羽說：「我們以前認識的劉邦，貪財好色。如今入關之後，卻一改作風，財物都不取，美女也不沾，顯示他懷有強大野心，應該加速攻擊，不能延誤，更不可留情。」

項羽決定發兵攻打劉邦，他有一位叔父人稱項伯，在楚軍擔任左尹（左軍指揮官），曾經受過張良的恩情，心憂張良安危，趁夜騎馬馳往沛公軍營，私下見到張良，告知情況緊急，要張良和他一同投奔項羽，「不必陪他（劉邦）送死」。張良不答應，向劉邦報告，兩人研判形勢，確認打不過項羽，只能拜託項伯幫忙講情。於是劉邦跟項伯約為兒女親家，項伯答應了，囑咐劉邦：「明天一定要早早來向項王致意。」

項伯在夜色中趕回鴻門軍營，將情況向項羽報告，說：「如果不是沛公先攻破關中，你又怎麼能一路如此順利呢？如今人家立了大功，卻反而攻擊他，那是不義的，倒不如以禮待之。」項羽同意。

隔天一大早，劉邦帶著一百多騎隨從來到鴻門見項羽，放低姿態說：「在下與將軍合力攻秦，將軍由黃河北面路線進攻，在下攻打黃河南面。沒想到在下先打進了關中，而與將軍在此相見，如今卻有小人中傷，以致將軍對在下有所誤解。」

項羽說：「那都是沛公的左司馬曹無傷來搬弄是非，不然我怎麼會這樣？」——項羽洩露了告密者的身分，這是當老闆的大忌，以後不會再有人向他提供「機密消息」了。

項羽擺宴邀劉邦喝酒，項羽和項伯向東而坐，范增向南而坐，劉邦向北而坐，張良西向陪侍。范增多次以目向項羽示意，甚至三次舉起身上佩的玉玦暗示項羽速做決斷（玦是環狀玉器切開一條縫，象徵決斷），下令除去劉邦，可是項羽雖然看見了范增的暗示，卻默然不應。

范增決定自己安排，起身出外，找到項羽的堂弟項莊，說：「你家老大心腸太軟，下不了手。你進去敬酒，敬完酒，就舞劍助興，找機會在席間擊殺沛公。」

項莊進入宴會帳敬酒，敬完酒，說：「大王與沛公飲酒，軍中沒有什麼娛樂，請允許我舞劍助興。」然後拔劍起舞。項伯一看苗頭不對，也拔劍起舞，以自己的身體遮蔽沛公，使得項莊找不到下手空間。

張良看苗頭不對，項莊舞劍雖然有項伯挺身而出，可是後面肯定還會出其他花樣。他走出帳外，找到樊噲。

樊噲問他：「裡面情況如何？」

張良說：「情況緊急。項莊拔劍起舞，每一招都指向沛公。」

樊噲脾氣火爆，聞言立即行動，一手持盾、一手仗劍往裡闖。門口持著長戟交叉的衛士不許他入內，樊噲用盾牌將衛士撞倒在地上，闖進帳內，分開帷幄向西而立，怒目瞪著項羽，頭髮都豎了起來，眼角因睜裂而流血。

項羽被他嚇了一跳，按劍跪起，問：「來客是什麼人？」

張良回答：「是沛公的侍衛長樊噲。」

項羽：「好一位壯士，賜他喝一杯酒。」左右送上可容一斗的大杯酒。

樊噲拜謝，起身一飲而盡。

項羽：「賜他一個豬肩。」左右送上一副生的豬肩。

樊噲將盾牌覆蓋地上，再將生豬肩放在盾牌上，拔劍切肉，大口吃下。

項羽：「壯士，還能再喝嗎？」

樊噲說：「在下連死都不怕，豈會推辭一斗酒！當初秦王暴虐，天下人起義抗秦，楚懷王與諸將約定『先破秦攻入關中者，就在那裡稱王』。如今沛公先攻進咸陽，秋毫不敢動，封閉宮室，回到霸上，以待大王到來。派人防守函谷關，只是為了防備盜賊、維護治安而已。如此勞苦功高，未有封侯之賞，反而聽信小人讒言，要殺有功之人。這根本就是已經滅亡的秦國的延續，我真是為大王感到慚愧啊！」

項羽被他這一番義正詞嚴逼住了，一時無以回應，只說：「請坐。」

樊噲坐在張良旁邊，大家繼續喝酒。

過一會兒，劉邦起身上廁所，將樊噲等叫出去。

劉邦問樊噲：「想要藉此溜走，可是沒向主人辭別，會不會不好意思？」

樊噲說：「做大事不必太考慮小節，行大禮不要介意小責難。此刻的形勢是人為刀俎，我為魚肉，哪還有工夫告辭？」

鴻門距離霸上四十里，劉邦對張良說：「估計我回到軍中，你再進去報告。」交代完，劉邦留下所有隨從車騎，自己一個人騎馬遁逃，樊噲、夏侯嬰、靳彊、紀信四人手持劍盾疾走斷後。

張良在帳外混了一陣子，才進去向項羽道歉，說：「沛公不勝酒力，沒辦法親自告辭，囑咐張良奉上白璧一對，敬獻上大王足下；玉斗一對，敬賜大將軍（范增）足下。」

項羽：「沛公人在哪裡？」

張良：「聽說大王有責問過失之意，所以先走了，此刻應該已經回到霸上軍營。」

項羽收下玉璧，放在座上。

范增收下玉斗，放在地上，拔劍一擊，玉斗粉碎。他又氣又惱的說：「唉，豎子不足與謀，將來奪取項王天下的，一定是沛公。以後我們都將成為他的俘虜！」

殺不成劉邦，項羽將火氣發洩在秦宮。

鴻門宴之後幾天，項羽帶兵殺進咸陽，殺了投降的秦王子嬰；燒掉秦國宮殿（包括阿房宮），大火延燒三個月不熄；將秦宮中的財寶與美女劫掠一空，準備帶回去江東老家。

離開咸陽之前，項羽大封諸侯。他惱怒劉邦搶先入關，硬是將劉邦封為漢王，強辯說「漢中一向都是關中一部分」；將關中之地封給三位秦軍降將（合稱三秦王）；自稱西楚霸王，定都自己的故鄉彭城，然後引兵東歸，諸侯各自前往封國。

對於項羽的分封，當然劉邦不服氣，也一度想發動軍隊攻打項羽，但是終究被蕭何勸阻了。於是沛公現在成了漢王，進入一個新的階段。

【贊】

進到咸陽之後，劉邦「升等」了，他的團隊也產生了質變：第一是蕭何進入秦國丞相府，抄錄（並帶走）全國戶口、土地圖籍，顯示他有著深謀遠慮；第二是樊噲勸諫劉邦退出秦宮，還軍霸上，而樊噲原本只是個屠戶，再看他在鴻門宴上的慷慨陳詞，論述能力十足。

也就是說，劉邦得到天下級人才酈食其和張良而率先入關，本人因此提升到「關中王」的層級，同時他的沛縣老幹部們也都提升了水準。劉邦不但超越了「沛公劉邦」，甚至超越了項羽。

這一點，范增看見了，但是項羽卻並未意識到劉邦的「長大」。換個說法，項羽並未意識到他自己應該是「天子級」，還停留在「彼（秦始皇）可取而代之」的心態，但是劉邦早就超越了「大丈夫當如是」的層次。而劉邦逃過鴻門宴殺劫，並非「王者不死」，其實是因為項羽沒把劉邦當對手，項莊舞劍才沒殺死沛公。

3、大膽用人——明修棧道，暗渡陳倉

劉邦忍氣吞聲前往漢中，項羽只分給漢王劉邦三萬士卒，可是楚軍乃至各諸侯軍有很多人仰慕漢王，願意追隨他的有數萬人。

張良沒有跟劉邦去漢中，他仍然回去輔佐韓王，在告別漢王時，張良給劉邦一個建議：燒毀棧道，一來防範其他諸侯（暗指三秦王）覬覦漢中，一來向項羽表示無意東進。這個建議是高明的戰略思考，但卻出現一個副作用：逃兵。

原來，漢中盆地夾在秦嶺和大巴山之間，進出關中全靠依山壁而建的棧道，到唐朝都還是一條艱險的路（李白詩句「蜀道難，難於上青天」）。劉邦一路走一路燒毀走過的棧道，士卒擔心從此回不去了，於是開始有人逃亡。漸漸的，每天都有很多人逃亡。有一天，軍士報告漢王：「丞相蕭何逃亡。」劉邦既生氣又沮喪。——蕭何已經成為劉邦不可或缺的第二把手，連他都跑了，你叫劉邦怎能不沮喪？

可是過了兩天，蕭何又回來了。劉邦既怒又喜，罵說：「你為什麼逃亡？」

蕭何說：「我哪敢逃亡，我是去追回逃亡者。」

劉邦問：「你去追誰？」

蕭何：「去追韓信。」

韓信在漢軍中的位階不高，只是個後勤軍官治粟都尉。漢王不信蕭何，罵說：「你騙誰啊！諸將跑了好幾十人，你一個都不追，卻去追韓信？一定有詐，快說實話。」

蕭何：「那些跑掉的都是一般材料，不難得到，韓信卻是舉世無雙的高級人才。大王如果只想在漢中長治久安，那韓信對你沒有用；但若大王要東向爭勝天下，則非韓信不可。就看大王志向有多大了。」

劉邦：「我當然想要爭勝天下，怎麼可以被困在這裡？」

蕭何：「大王想要向東，如果重用韓信，他會留下來；若不能重用，韓信終究還是要走。」

劉邦：「你如此大力推薦，那我用他當將軍。」

蕭何：「即使當將軍，還是留不住韓信。」

劉邦：「那就任命他當大將軍。」

蕭何說：「那就太好了。」

於是劉邦下令召見韓信，要任命他為大將軍。

韓信最初投入項梁麾下，項梁死後跟著項羽，但不受項羽重用，因此在諸侯各自就國時，跳槽到漢王陣營。初期也未受重用，還差點受人牽累被處死，幸虧夏侯嬰救了他一命，漢營中只有蕭何對韓信另眼看待，經常與他長談。可是韓信眼看自己在漢營沒發展，也逃跑了。蕭何聽說後，來不及報告，疾出追趕，經過一番勸說，韓信跟他回漢營，更想不到劉邦會拜他為大將。

漢王命令建一座拜將台，預告隔天要拜大將，沛縣老革命如周勃、樊噲等，個個覺得自己有希望。第二天揭曉，大將卻是韓信，全軍為之訝異、驚嘆。

漢王向新任大將請教：「將軍有什麼高明計策可以指教寡人？」

韓信問：「大王東向爭天下的對手，莫非項王？」

劉邦：「是啊。」

韓信：「大王自認作戰勇猛強悍能夠勝過項王嗎？」

劉邦默然良久，說：「不如。」

韓信聽到劉邦能夠坦言不如對手，起身向漢王拜了兩拜表達敬賀——承認對手比自己強是一種了不起的特質，也只有先承認不如對手，才可能以弱擊強。

韓信確認劉邦沒有大頭病，才敢直言無諱，說：「我也認為大王不如項王，請容我分析項羽的性格：他發起威來聲勢驚人，足以令千萬人屈服，可是他缺乏任用優秀將領的能力，只是匹夫之勇。他待人恭敬慈愛，言語親切，對待傷患更流著眼淚分給飲食，可是手下有功勞應該封爵的時候，他卻拿著刻好的印章，在手中摩挲再三，直到印章邊角都摩圓了，卻還不捨得送出去，這種慈愛只是婦人之仁。更由於項王每次攻下城邑，都無情地予以毀滅，老百姓為此怨恨他，天下諸侯表面順服，只是畏於他的兵力強大而已。」

韓信分析項羽的性格缺陷後，提出了楚漢爭霸的第一妙計：明修棧道，暗渡陳倉。由漢王公開宣布：派周勃、樊噲負責修復已經燒毀的棧道。

三秦王得到消息，由於周勃、樊噲是漢軍有名的大將，研判劉邦將從入蜀原路反攻關中。但是修復棧道？那可不是十天、半個月的工程，恐怕得耗費好幾年工夫。所以他們雖然在入蜀要衝布置重兵，心裡卻認為「眼前不急」。

三秦王完全不曉得有韓信這號人物，更沒想到他會帶領漢軍主力走一條更古老的道路（陳倉道），那是在入蜀棧道未修建之前的古道，繞山依谷而行。漢軍出其不意，三秦王倉促應變，章邯在陳倉（今陝西寶雞縣東）被擊潰，率領殘部打游擊，司馬欣與董翳投降漢軍。關中父老簞食壺漿迎接漢王（「約法三章」發酵了），劉邦只花了兩個月就掃平關中。

這段時間裡，東方也發生了巨大變化。

最先反項羽的是齊國。之前齊王田儋起義抗秦，被秦將章邯擊敗，戰死，其堂弟田榮擁立他的兒子田市為齊王，繼續抗秦。項羽大封諸侯時，將田市改封膠東王，另封隨他入關的齊將田都為齊王，外加項羽的部將田安為濟北王，齊地一時有三個王。田榮大怒，發兵攻打田都，田都敗逃西楚，可是田市害怕項羽，偷偷溜到即墨就任膠東王。田榮火大，殺了田市，自立為齊王。

簡單說，項羽非但違背時勢潮流，將天下倒退回戰國時代，而且他分封諸侯更不得人心。齊國第一個反項，之後是趙國、燕國，項羽之後又殺了韓王韓成。

韓成當初受劉邦之命，鎮守韓國都城陽翟，所以未隨項羽入關。項羽東歸時，將韓成帶回彭城，貶為穰侯，不久又將他處死。一心想恢復韓國的張良，跟著韓成到了彭城，此時只能滿懷悲憤，潛待機會。

等到漢王劉邦奪取關中，項羽派他的部將鄭昌為韓王，擔任抵擋劉邦的第一線。此時張良上書項羽，說劉邦志在得回關中而已，應該不會向東進軍，因此項羽暫緩對劉邦反應，優先攻擊齊國。張良則被項羽派去輔佐鄭昌，他趁機改裝，走小道投奔漢王。

諸侯興兵，戰國再現，天下再度陷入戰亂，人心都怨恨項羽。這個時候，項羽又犯下一個天大的政治錯誤。

項羽自立為西楚霸王，定都彭城（今江蘇徐州市），將原本在彭城的楚懷王遷徙到郴縣（今湖南郴州市），尊稱他為義帝，實質上是放逐。同時，項羽密令九江王英布暗殺義帝，這件事卻給了劉邦一個「天上掉下來的禮物」。

劉邦聽張良的建議，任命另一位韓信（故韓國的公子）為韓國太尉，攻打鄭昌，鄭昌投降，於是封韓信為韓王（史書稱他為「韓王信」，以別於名將韓信）。然後劉邦自率漢軍東進，項羽封的西魏王投降、殷王被俘，漢軍進抵洛陽。

在洛陽，一位「三老」（負責教化民眾）董公，攔住劉邦的馬頭進言：「師出無名，其事不成。項羽弒殺義帝，是天下巨賊，大王應該率領三軍為義帝服喪，並傳檄諸侯，號召一同討伐逆賊，如此則四海之內都會擁戴你。」

劉邦聞言，如獲至寶，說：「若非老人家教誨，我哪裡能瞭解這個？」當即下令為義帝發喪，全軍哀悼三天，同時傳檄各諸侯國一同討伐項羽。諸侯紛紛響應，劉邦於是成為聯軍盟主，總兵力達到五十六萬。

項羽討伐齊國，迅速擊斬齊王田榮，可是其弟田橫又立田榮的兒子田廣為齊王，繼續抵抗。項羽接到漢王率領諸侯聯軍進攻彭城的戰報時，齊國仍然叛而不服，所以他留在齊地戰場，希望彭城守軍能撐到他平定齊地，然而聯軍勢如破竹，劉邦攻進了彭城。

這一次，劉邦的心情跟當初進關中完全不同。他沒想到勝利來得如此順利，事實上他並不曾跟項羽交手過。這下劉邦認為大事已定，接收項羽的庫藏寶貨與宮廷美女，每天跟諸侯置酒高會。

項羽接獲戰報，即刻將齊地軍事交給其他大將，自己只率領三萬精兵反攻彭城（完全不把劉邦放在眼裡），急行軍一天到達蕭縣（今江蘇蕭縣），拂曉展開攻擊，中午就推進到了彭城。楚軍銳不可當，其他諸侯聽到項王親自到來，紛紛拔營回國，漢軍完全不是對手，潰敗不能成列。楚軍追殺，漢軍被驅入穀水、泗水，殺死加上溺死超過十萬人。殘餘敗兵往南狂奔，在睢水北岸的靈壁（今安徽靈壁縣，一處懸崖地形）被追上，楚軍騎兵縱橫衝殺，又殺死或溺死十餘萬人，睢水為之不流。

漢王劉邦被項羽包圍三匝，眼看不保。霎時間，西北方掀起狂風，大樹連根拔起，飛砂走石，房屋像玩具一樣吹走，雖是中午時分，卻昏黑如夜，劉邦身邊只剩數十名騎兵，乘亂向西逃走。中途遇到兒子劉盈和女兒劉樂（名字考據不一），拉他們上車，可是每當後面追兵接近，劉邦就將兒女推下馬車（以減輕重量），而駕車的夏侯嬰每次都下車將兩小抱回車上。馬車因此速度減慢，劉邦為之咆哮怒罵，甚至要拔劍殺夏侯嬰，但是夏侯嬰不避危險，終於保護劉邦和兩個小兒女脫險。

劉邦逃到下邑（今江蘇碭山縣），收拾殘兵只剩千餘人，束手無策，張良建議聯合九江王英布，於是劉邦派幕僚隨何去遊說英布，說：「只要英布能牽制項王幾個月，我就有把握取得天下。」

【覘】

此時的劉邦，處境如喪家之犬，可是他腦袋裡想的卻是「取天下」！也就是說，劉邦在逃命途中腦袋沒有閒著，一面逃，一面已經想好要如何對付項羽——檢討失誤與改變策略都在馬車急奔中完成！

遇到挫折後仍能做進取思考，一敗塗地仍能迅速恢復元氣，劉邦這項特質往後一再看到。

英布果然在項羽後方進行牽制，劉邦因此得以獲得喘息，在滎陽（今河南滎陽市）立定腳跟。他同時確定了一點：正面硬碰硬，自己永遠不是項羽的對手，所以首要之務是樹立項羽更多敵人。除了英布之外，聯絡在故魏國地界（今河北山東相鄰一帶）打游擊的彭越。同時決定，既然不跟項羽硬拚，就必須比項羽撐得更久，因此需要充足的戰士與糧秣。幸運的是他有最佳後勤司令蕭何。在此之前，由漢中攻關中，蕭何負責在巴蜀徵糧；由關中攻彭城，蕭何負責供輸糧秣；現在要在滎陽、成皋間打拉鋸戰，蕭何仍然負責從關中運補兵源與糧秣。

除了蕭何，劉邦的團隊可說是一時之選：張良能運籌帷幄之中，韓信能決勝千里之外，酈食其有著三寸不爛之舌，還有一位陳平智計無窮。

陳平在陳勝起義時投入當時的魏王（魏咎）旗下，後來跟著項羽入關。諸侯反項，陳平領兵擊敗並勸降西魏王魏豹，項羽升他官還發獎金，可是後來魏豹投降劉邦，項羽光火，陳平怕被殺，將項羽給的官印、賞的黃金封起來，派人送還項王，自己隻身逃亡。來到漢王劉邦的軍營，老朋友魏無知正在漢王麾下，為他引見漢王。劉邦跟陳平一席談話後，驚為天人，立即任命陳平為都尉，並且指定他為隨身幕僚，出門同車（參乘），還擔任典護軍（軍中監察官）。

陳平擔任典護軍，毫不避諱的收受諸將餽贈，周勃、樊噲等沛縣老革命向劉邦告狀，劉邦以之責問陳平，陳平說：「我聽聞漢王唯才是用，所以前來投效。我來時一無所有，不收受餽贈則無以生活。如果我的獻策有值得採納的，就請大王任用我；如果我的建議毫無價值，諸將送的黃金都還在，我甘願將之全數封起來捐給公家，請不要殺我，讓我回家。」劉邦聽了，立刻向陳平謝罪，再升他的官為護軍中尉（比都尉高一級），負責監察所有將領（封閉所有嘴巴）。

陳平為劉邦立下的第一大功是：以反間計除去范增。

項羽派使者去漢營打探虛實，聽說楚軍有使者來，漢王以太牢（古時候的最高飲食規格）供餐，然後佯裝驚奇的發現：「唉，還以為是亞父的使者哩，原來是項王的使者！」當場吩咐撤下太牢，改以次一等食物（及餐具）給使者進用。如此戲劇性的一幕，使者回去對項羽加油添醋描述，項羽因此開始疏遠范增，最終范增負氣辭職回家，死在路上——項羽沒了唯一的智囊。

另一方面，劉邦派韓信東征魏國。之前魏王魏豹背叛項羽，後來又叛劉邦，劉邦派酈食其去遊說他，魏豹口出惡言，劉邦乃決定永久解決魏豹。韓信用了聲東擊西之計，主力迂迴魏軍後側，生擒魏豹，派人向劉邦要求增兵三萬，乘勝繼續東征趙國，劉邦允許。韓信用兵如神，又攻下趙國，並勸降燕國，讓漢軍得以放心左翼，專心對付正面的楚軍。

但是劉邦在滎陽卻不順利，主要因為運糧甬道不斷被攻擊、破壞。劉邦一度聽信酈食其的建議，分封從前六國的後人為王，讓他們成為楚國的敵人，跟漢軍結成統一戰線，甚至已經派人鐫刻印信。這時張良從外地返回滎陽，劉邦將這個新戰略告訴他，張良聞言驚駭，說：「誰出的餿主意？」隨後拿起桌上的筷子分析天下大勢（借箸代籌）。他的分析簡單說，一旦分封六國後人，各國來的英雄都將離開漢營，回去故土效忠他們的王，而那些王都會西瓜偎大邊，搖擺於楚漢之間，而不會效忠漢王。

劉邦聽了，吐出口中的飯，罵道：「豎子，幾乎壞了老子的大事。」如果當時印信送了出去，劉邦就犯了之前項羽犯過的錯誤（回到戰國）。可是雖然沒有犯錯，當時滎陽城被楚軍包圍，缺乏外援，已經支持不住。陳平出了奇計，從滎陽東門放出女子二千多人，引楚軍擂鼓追擊。然後由將軍紀信坐著漢王的輦車（黃綾蓋，車旁插御旗），緩緩駛出東門，派人高喊：「糧秣已盡，漢王投降！」

楚軍高呼萬歲，紛紛離開陣地往東門看去。這時，劉邦率數十騎兵，從西門溜走，逃到宛城，堅守不出戰。一向在黃河南岸打游擊的彭越在下邳大破楚軍，項羽親自帶兵攻打彭越，劉邦趁機出擊，收復成皋。

項羽擊敗彭越後，回師再攻陷滎陽。劉邦不讓自己再度陷入上次的困境，主動放棄成皋，由夏侯嬰駕車，不聲不響前往河北，到達韓信的駐地，在一天凌晨突然闖入軍營，直入寢室，奪取韓信兵符，接收軍隊。劉邦命韓信帶領趙軍向東攻擊齊國，自己帶領原本交給韓信的漢軍，奪取敖倉，跟項羽進行持久戰。

劉邦又派酈食其去遊說齊王田廣，田廣接受酈食其的遊說，派出使節向劉邦表示願意歸附，自己跟酈食其每天歡宴縱酒。可是田廣卻不曉得大禍將要臨頭——韓信並沒有接到停止進兵的指令，大軍到達歷下（今山東濟南市），隨即發動突擊大破齊軍，進逼臨淄（齊國都城）。田廣悲憤又恐懼，烹殺酈食其，並且向楚國求援。項羽派大將龍且率二十萬大軍前往救援。龍且與田廣的楚齊聯軍仍被韓信擊潰，韓信生擒田廣。

韓信得到齊國後，派使節晉見漢王，要求當「假齊王」。劉邦的第一反應是大罵韓信，可是張良跟陳平踢他的腳跟暗示，劉邦當即會意，改口：「大丈夫要當就當真王，做什麼假王！」派張良去封韓信為齊王。

【贊】

漢王劉邦在這個階段又得到兩位超級人才：韓信與陳平。

我們總是用劉邦拜韓信為大將這一段，印證「重用人才應該不次拔擢」。可是很少人體會到，拜韓信為大將需要多大的魄力。那麼多沛縣老革命將領陪著劉邦起義，立下汗馬功勞，現在讓一個項家軍來的叛將、逃兵當大將，凌駕他們之上——劉邦必須有本事讓那些老同志閉嘴。多難哪！

陳平又是一個例子，他也是項家軍叛將，卻一來就做監察官，還公然收受賄賂，可是劉邦就是挺他。後來陳平不只一次貢獻保命妙招，劉邦確實值回票價。

彭城大敗之後，推兒女下車那一幕，著實令人印象深刻，後人都以此評論劉邦現實寡情。事實上，劉邦還有很多次不受世俗道德觀拘束的行為。或許那也是流氓性格吧。

為義帝發喪則展現了劉邦的政治智慧：這個動作一做，項羽登時失去「亡秦必楚」的正統地位，劉邦乃能成為諸侯反項的領袖。而且，這一次他聽取意見的對象不是張良、韓信、陳平，而是一個「三老」，也就是說，劉邦的親民形象不是作秀而已，他還真的聽進了對方的意見，並且能立即辨識「這是一個好主意」，隨即採納。

至此，劉邦已經脫離最艱苦的階段，形勢轉為對漢軍有利，且看他如何擊敗項羽。

4、臉皮夠厚——必欲烹爾翁，分我一杯羹

與其說劉邦擊敗項羽，更精確的說法應該是「項羽把自己打敗了」。

項羽絕對稱得上戰神，在群雄逐鹿的擂臺上，他幾乎沒有打過敗仗。問題在於，每次他在這邊贏了一場勝仗，卻在另一邊會損失更多版圖，也就是一連串的軍事勝利之後，版圖卻愈縮小。

龍且戰死，韓信據有全部齊地，項羽的信心才開始動搖——項羽也曾經痛擊齊國軍隊，可是齊國人很頑強，他從不曾讓齊國降服，這個韓信到底有多厲害？不但成了齊王，而且看起來齊地全在他掌握中。項羽面對的形勢是，正面要對付劉邦，後面彭越的游擊戰又讓他的運輸糧道不勝其擾，現在韓信更形成對彭城的側翼威脅，使他陷入非常不利的局面。

第一次，項羽派出說客，希望跟韓信結盟。在此之前，諸侯只有向他臣服或被他摧毀兩個選擇。

項羽的說客武涉見到韓信，力陳劉邦這個人不可信任，提出項羽給的價碼：脫離漢集團，跟楚和解，三分天下，各自作主。卻遭韓信當場回絕：「漢王『解衣衣我，推食食我』，我怎麼可以背叛他？」武涉不得要領而去。

齊地一位辯士蒯徹對韓信說：「我會看相，『相君之面，不過封侯。相君之背，貴不可言』。」為什麼「不可言」？因為說出來要殺頭。面相貴當封侯，「背相」比封侯更貴且不能說出來，蒯徹幾乎明白鼓勵他背叛劉邦，可是韓信叫他閉嘴。

【贊】

劉邦幾乎可以說是「吃定」了韓信，兩次奪取韓信兵權，得天下後一次調換他的封國，一次降他的封爵，韓信都甘願接受。而劉邦給了韓信什麼？不過就是「解衣衣我，推食食我」（吃一樣的，穿一樣的）罷了。但那就是「江湖義氣」，劉邦的江湖氣讓之前一直不得志的韓信終生感戴，就如《水滸傳》裡那一句「這顆頭顱只賣給識貨的」。這一套對張良、酈食其有效，對韓信更有效。

滎陽戰場的情況轉變卻對項羽非常嚴酷：劉邦有敖倉的糧食，但堅不出戰，慢慢消磨項羽的糧秣。項羽吃不消了，使出一記絕招：製作一個超大砧板（俎），把劉邦的老爹劉太公放到俎上，派人通知劉邦：「如果不趕快投降，我就烹殺你爹。」

劉邦對項羽的使者說：「我跟項羽同時接受楚懷王的命令，懷王要我們兩人結為兄弟。既然是兄弟，我爹就是他爹，如果一定要烹食他爹，別忘了分我一杯羹。」

項羽對劉邦這種死皮賴臉至為憤怒，下令行刑，卻又被項伯勸阻。

項羽再派使者去漢營，對劉邦說：「天下因戰亂紛擾已經好幾年，壯丁忙著打仗，老弱苦於運輸，只為了我們兩個人而已。這樣吧，我跟你來一次單挑，決一雌雄，別再拖累全天下的父老兄弟了。」

劉邦一聽，心想「項羽輸了」，笑著回絕：「我寧可鬥智，不願鬥力。」但終於還是跟項羽隔著廣武澗對話，卻被項羽用箭射傷，強撐著身子騎馬巡視軍營，安定眾心。經此變故，劉邦更堅定不出戰，楚軍繼續承受糧運不濟之苦，而項羽則承受求戰不能之苦。

然後劉邦出招了。

他先派陸賈去跟項羽商量，用糧食換取劉太公，項羽沒答應。劉邦再派侯公去遊說，項羽這次答應與漢軍簽訂和約，雙方以鴻溝為界，以西歸漢，以東歸楚，兩國互不侵犯。

項王送回漢王的父母妻子，當他們進入漢軍營壘，漢軍營中響起一片高呼萬歲。這一聲「萬歲」不是為劉太公而呼，也不是為劉邦而呼，甚至不是為楚軍認輸而呼，而是為和平而呼。事實上，鴻溝以西包括了廣武、敖倉、滎陽、成皋等地，之前漢王提出「兩國以滎陽為界，以西歸漢，以東歸楚」，項王不答應，如今反而更後退了——項羽退讓，這是以前從未發生過的事情。

楚軍收兵東歸，依約漢兵也該向西撤軍，可是張良、陳平卻對劉邦說：「漢軍已經擁有天下的大半，而諸侯也歸附於漢。楚軍則兵疲糧盡，這是老天要滅亡楚國的時候，不如把握機會，追擊楚軍。如果這一次放過機會不攻擊他，就是所謂『養虎遺患』啊！」

劉邦當即領悟，下令越過鴻溝，追擊撤退回家的楚軍。名言「難以跨越的鴻溝」，就是出自這個典故，但真實的故事卻告訴我們：只要臉皮夠厚、心夠黑，天下其實沒有跨不過的鴻溝。

形移勢轉，之前不敢出戰的漢兵現在勇敢追擊，可是項羽仍然無敵，在固陵（今河南淮陽縣）展開反擊，漢軍大敗，只好再次固守陣地，不敢應戰。漢王劉邦徵召韓信、彭越，兩人遲遲不來，問張良怎麼辦，張良建議答應事成後封彭越為魏王，同時答應將陳丘以東都劃給齊王韓信，劉邦依言而行。兩人於是都帶兵前來。

項羽雖然在固陵勝了一役，可是距離家鄉愈近，楚軍逃亡回家的人數愈多，因此無法戀棧戰場，只能一路且戰且退。

到了垓下（今安徽靈壁縣東南，是一處高岡絕巖地形），西楚軍隊已經逃散大部分，糧秣也不繼，幾次發動反撲，都被韓信擊退。以前百戰百勝的項羽，此時困守營壘，外面是層層包圍的漢軍。

韓信使出一計絕招：命軍中的楚人在包圍圈四面唱起楚歌。

項羽大驚，說：「難道漢軍已經攻下楚地（江東）了嗎？為什麼有那麼多楚人？」其實，劉邦、韓信、英布都是楚人，他們的軍隊中更多得是楚人。而「四面楚歌」的真正厲害之處，就是唱垮了項羽部眾的戰鬥意志——家鄉已近在咫尺，算了，甭打了，回家吧！

最後，項羽「霸王別姬」，率騎兵八百人向南突圍，漢軍五千騎兵追擊。項羽的八百騎因為誤陷沼澤而失散，最後只剩二十八騎。

此時項羽決定不再逃命，停下來跟追兵相殺，連勝三陣，斬殺數十百人，證明自己英勇無敵之後，逃到烏江畔。烏江亭長已經為他準備好渡河船隻，可是項羽心意陡轉，認為「無顏見江東父老」而自刎。

置高俎揚言烹殺劉太公，不曉得誰出的主意，這一招是流氓招數，非但跟項羽的貴族個性不合，更被劉邦使出流氓性格回敬，結果滿臉豆花。

要問劉邦擊敗項羽的關鍵是什麼？一個字，忍。

接受項羽違背當初楚懷王的約定，忍氣吞聲去到鳥不下蛋的漢中，是第一忍；彭城大敗後，逃亡時竟然忍心將兒女推下馬車，是第二忍；偷偷溜出滎陽城，讓部將紀信替自己去送死，是第三忍；被項羽射傷後，硬撐著巡視軍營，是第四忍；自己困處滎陽，仍不得不封韓信為齊王，是第五忍；對項羽嘻皮笑臉說「分我一杯羹」，是第六忍——「忍」字有好多層次意思，劉邦都做到了。

但與其說劉邦擊敗項羽，不如說項羽是敗給自己：項羽自命英雄，而英雄必須永遠是英雄，不能露出「狗熊」樣子，所以在突圍逃亡中，還要回頭衝殺給部下看，證明是「非戰之罪，天亡我也」。甚至都到了烏江畔，只要渡過江去，「江東子弟多才俊，捲土重來未可知」，但項羽仍然「無顏見江東父老」，只好自刎。

如果要給劉邦加一項優點，就是「臉皮厚」：奪部將兵符、龜縮不出戰、寧

【贊】

鬥智不鬥力、分我一杯羹，都得臉皮夠厚，這一點其實跟「忍」的功夫相輔相成。

項羽從宰制天下到烏江自刎，西楚王朝歷時四年，史家並沒有給他一個「朝代」，也就是說，雖然他曾經實質上做到號令天下，但是那卻稱不上「得天命」。而垓下勝利後的劉邦，天下雖已握在掌中，但項羽的前車之鑑就在眼前，他想要帝國永續（建立「天命」），還有很多工作要做。

5、誅殺功臣——安得猛士兮守四方

漢軍凱旋西歸，經過定陶（今山東荷澤市，當初項梁在此陣亡）時，漢王劉邦突然闖進齊王韓信的大營，奪取符信，接管軍隊。

劉邦對韓信說：「你是楚人，就衣錦還鄉去當楚王吧。」

事實上，韓信手下主要是齊軍，還有他攻齊時帶去的趙軍，已經沒有多少楚人了，這個動作的實質意義是將韓信從齊國根據地「拔」掉。

【覘】

如果說，項羽打開始就想取秦始皇而代之，當他有實力讓天下臣服時，他卻將天下分封掉了。

反觀劉邦，最初只想「過一天皇帝的癮也好」（大丈夫當如是也），可是隨著事業版圖不斷擴張，從流氓到沛公，從沛公到漢王，再到項羽死後天下定為一尊，他都能「與時俱進」，將自己的思考與能力提升，即使在遭受重大挫敗（如彭城之戰）時，也都在想「下一步」。

基於劉邦這種特質，我們有理由相信：從確定項羽已經死了那一刻，就已經開始規劃他的帝國藍圖（在此之前他只專心打敗項羽再說）。而劉邦立即認定，他的帝國當前最大威脅是：韓信、彭越與英布。這三人在跟項羽對抗時，都是不可或缺的盟友，但是現在項羽已經不在了。

韓信接受改封楚王，毫無怨言，這是他第二次被劉邦奪取兵權。然而，雖然韓信對劉邦沒有戒心，劉邦卻對韓信完全不放心。

對彭越，劉邦儘管實踐承諾，卻打了折扣，封彭越為梁王——當初答應的是魏王，而戰國時魏惠王因為受秦國壓迫而遷都大梁（今河南開封），於是又稱梁惠王，因此梁王跟魏王聽起來同義，但梁王彭越的都城卻被設在……定陶！（那是韓信的大本營，彭越在那裡沒有「根」）

隔了一年多，有人告密：「楚王韓信謀反。」（這種沒有真名實姓的檢舉，通常就是最高層要整肅的信號）劉邦徵詢諸將意見「如何因應」，諸將一個個慷慨激昂發言：「立即出兵誅殺那小子。」（哪個敢表態不積極？）

劉邦沉默不語，轉而問陳平看法如何。

陳平兜了好大一個圈子，跟劉邦進行了以下對話：

陳平問：「諸將怎麼說？」

劉邦：「諸將都說要發兵攻打。」

陳平：「有人告發韓信謀反，韓信知不知道？」

劉邦：「他不知道。」

陳平：「陛下能掌握的精兵，比楚國軍隊如何？」

劉邦：「恐怕不如。」

陳平：「陛下將領中，指揮大軍作戰的能力，有沒有人超過韓信？」

劉邦：「恐怕沒有。」

陳平：「軍隊不如楚兵精銳，將領不如韓信善戰，若出動大軍，豈不是逼他興兵對抗？」

劉邦：「那該怎麼才好。」

開戰沒把握，正是用得著奇計的時候，陳平一向智計無窮，立時提出了他的建議：「古代天子經常到各地巡察，並藉此機會與諸侯國君會晤。建議陛下宣稱前往雲夢大澤（今湖北省古時多沼澤）巡狩，並在陳縣（當初陳勝的都城）接見諸侯。陳縣在楚國境內，韓信會放鬆戒心，以為天子只是例行出外巡遊，又在自己勢力範圍內，不會防備。到時候他來進謁，只需要一個武士的力量，就可以逮捕他。」

劉邦依計而行，韓信果然前來晉見皇帝，被抓起來帶回長安（原來的咸陽），撤銷楚王，改封淮陰侯，沒有治罪，但也不能離開長安。韓信當然懊惱，說：「果然應了俗話說的：『狡兔死，走狗烹；高鳥盡，良弓藏；敵國破，謀臣亡』。天下已經平定，我活該被烹！」

發出這種牢騷，顯示韓信還不認為他命在旦夕，直到以下對話之後，劉邦確定不能留韓信一命：

有一次，劉邦與韓信討論諸將的能力，韓信一一分析。

劉邦突然問：「那我能指揮多少軍隊？」

韓信說：「陛下直接指揮軍隊作戰，不過十萬人，再多就不行了。」

劉邦問：「那你呢？」

韓信說：「我的話，多多益善。」

劉邦笑著說：「你那麼會帶兵，為何卻被我所擒？」

韓信：「陛下不適合直接指揮軍隊，可是陛下很會指揮將領，所以我被你所擒。而且陛下這方面的能力，是上天授予的（張良說過這話），不是人力可以及得。」

終於在劉邦親自帶兵討伐陳豨叛亂時，呂后透過蕭何，將韓信騙進長樂宮殺死——劉邦有「不在場證明」。

下一個輪到梁王彭越。

劉邦在大澤抓韓信那次，彭越也去晉見皇帝，之後每年都去長安晉見。可是皇帝親征陳豨時，在邯鄲徵召諸侯帶兵去會合，彭越請病假沒去；劉邦派使節去責問梁王，彭越不敢隨使者去邯鄲謝罪，又不敢造反，只好又請病假。於是劉邦派出特遣隊，突襲梁王宮，逮捕彭越，囚在洛陽，班師時親自審訊，將彭越廢為庶人，流放到蜀郡青衣縣（今四川雅安縣）。押解途中，在鄭縣（今陝西華縣）遇到從長安來的呂后。他還以為遇到救星了，對呂后哭訴自己無罪，表示希望讓他回到故鄉昌邑（今山東金鄉縣）。

呂后答應幫彭越講情，帶他回洛陽，後來卻跟劉邦說：「彭越是個英雄人物，將他流放蜀郡，那裡天高皇帝遠，豈不是留個後患？不如現在就殺了他。」於是又「有人檢舉」梁王造反，司法官奏請「族誅」，皇帝批准，最後彭越全族被屠滅。

再下一個是淮南王英布。

劉邦殺彭越之後，不但將人頭掛在城門之上，還將他的屍體剁成肉醬，分裝賜給各諸侯。人肉醬送到淮南時，英布正在打獵，當場反應恐慌，立即聚集軍隊布署防務，還派出偵探，隨時回報鄰近郡縣有沒有不尋常動靜。

之後又發生了賁赫事件：淮南國中大夫賁赫被懷疑跟淮南王寵姬有姦情，潛逃到長安告狀「淮南王謀反」。相國蕭何認為情況不明，應該先逮捕賁赫，然後派人去淮南國調查。誰曉得，英布的心理已經非常脆弱，聽說皇帝派人來調查他，就起兵造反了。

英布為了安將領的心，對他們說：「皇上年紀大了，不可能親自前來。諸將中我只忌憚韓信與彭越，這兩人都已死，其他人都不夠看！」

長安城裡，劉邦向諸將徵詢意見，諸將異口同聲：「出動大軍，坑殺那小子，他有什麼能耐？」

可是劉邦心裡明白他們都不是英布的對手，而劉邦自己有病在身，乃有意讓太子劉盈領兵出征，卻被呂后的淚水攻勢打消，最後還是劉邦抱病御駕親征。朝中大臣齊集霸上送行，留侯張良也有病在身，勉強起床送行。看見一向隨他南征北討的張良也老了、病了，劉邦不禁潸然淚下，囑咐張良要用心輔佐太子。

英布的戰略錯誤，被劉邦擊敗，可是劉邦卻也受了箭傷，將戰場交給將領收拾（英布最後被小舅子出賣襲殺），自己回轉長安。途中經過沛縣老家，以當年起義的縣署為行宮，召集當年老朋友以及地方父老子弟，一齊放縱飲酒。

劉邦召集一百二十位年輕人教他們合唱親自作詞的〈大風歌〉：「大風起兮雲飛揚，威加海內兮歸故鄉，安得猛士兮守四方！」

【覘】

這首〈大風歌〉，後人多半讚揚第一句，充分展露劉邦的氣魄與格局。可是敏感一點的，就能體會到第三句的心情：最能打仗的三位大將都因為「謀反」而遭到「制裁」，以後誰來保衛他的帝國呢？

但是，韓信、彭越、英布如果活著，而且保有封國和軍隊，卻是帝國最大的威脅啊！

為了自己身後的帝國安全，誅殺功臣是不得已的，是嗎？不是嗎？

蕭何自污・張良辟穀

劉邦得天下最得力的三位：蕭何、張良、韓信。劉邦最忌諱韓信，所以一再打壓他，最後仍必須殺了他。那蕭何跟張良呢？

誅殺韓信的行動，蕭何很有功勞（將韓信騙進宮），劉邦為蕭何加官進爵：官位升為相國，封邑增加五千戶，相國府配置五百名守衛。群臣、諸將都向蕭何道賀，唯獨故秦國的東陵侯召平向他表示「哀悼」，說：「閣下的災禍自此開始了。你以為加派衛士是恩寵嗎？是防衛你啊！建議你推辭加封的食邑，並且捐出私人財產幫助軍費，以消除皇帝猜忌之心。」蕭何完全接受這話並照做，劉邦大喜。相國府一位幕賓更建議他：多買一些田地，並向人民借低利貸，「讓自己有一些污點」。果然，劉邦在前線多次派人回長安打聽「相國有什麼舉動」，聽到有人檢舉蕭何貪利牟私，反而龍心大悅。

張良對劉邦可說最瞭解，因為他曾長時間貼近觀察，劉邦打勝仗、打敗仗、得意時、失意時，張良都在身邊。劉邦殺了韓信之後，張良有一天宣布他要開始「辟穀」，也就是不食人間煙火，說要「隨赤松子遊」，也就是追求修道成仙。

蕭何表明「貪財無野心」，張良表明「不追求俗世權位」，取得了劉邦的放心，而沒有被「處置」。

6、萬世一系——非劉氏而王者，天下共擊之

劉邦沒有歷史先例可以學，在他之前，堯舜禹湯是部落政治，周朝是城邦政治，秦始皇的中央集權／地方郡縣二級制看起來是失敗的。劉邦設定的帝國制度是郡國並行，也就是皇帝對各王侯是一個系統（周朝的設計），中央對郡縣是一個系統（秦朝的設計），封國相跟郡太守同品秩（二千石），都是地方首長，但不相統屬。如此設計當然會出現扞格，但在當時卻是「折衷而不極端」的考量。

剛稱帝時，劉邦封了很多王，除了韓信、彭越、英布之外，還包括吳芮、韓王信、臧荼、張敖、盧綰等。殺韓信之後，開始封劉姓皇族為王。後來臧荼、盧綰竟然也造反，劉邦在平定諸王叛變後，猛然驚覺他的控制力其實只侷限在關中和河洛地區，遠一點就鞭長莫及。同時，萬一再有叛亂發生，沒有能夠放心的將領可以領兵出征。

於是劉邦想出一個他認為可以一勞永逸的辦法：他召集諸將，斬白馬為誓，「非劉

氏而王者，天下共擊之；若無功上所不置而侯者，天下共誅之」，就是非皇族成員不得封王，沒有軍功者不得封侯，而且諸將封侯者「國以永存，施及苗裔」（諸將為了保衛自己後代的利益，會努力保衛帝國）。

【覘】

劉邦認為這樣就可以拱衛劉氏天下，永保無虞了。但歷史證明他的想法錯了，後來漢景帝時發生「七國之亂」，即是劉姓皇族造皇帝的反。但那是後話不贅，此處重點在於，劉邦得天下之後，有非常用心的思考帝國永續，並將想法付諸實施。這一點，秦始皇有做，項羽沒做。

劉邦雖然本身才具所限而不能做更好的設計，但是他的「後事安排」卻奠定了大漢帝國的百年興盛。

劉邦在親征英布時受了箭傷，歸途中傷勢發作，相當嚴重。回到長安，呂后找來良醫，入寢宮看診。

劉邦問：「情況如何？」

醫生說：「沒問題，有把握治好。」

聽他這麼說，劉邦突然變臉，大罵：「老子以一個老百姓提三尺劍取得天下，這難道不是天命嗎？我的命既然繫於上天，縱使扁鵲來治病，又豈能改變天意！」不許醫生繼續看病，賜他五十金，打發走路。

這番話讓呂后驚覺，劉邦一輩子都不聽天由命，現在突然講起「天命」，顯然不尋常。過一會兒，呂后等他氣平些了，問：「陛下百歲以後（指過世），蕭相國如果死了，誰能接替相國重任？」

呂后這一問，登時喚起了劉邦的危機意識，看來自己死後，老婆會總攬一切，難道劉家的天下將因此送給呂家？於是有了以下的對話：

劉邦說：「曹參可以。」

「曹參之後呢？」

「王陵可以。但王陵稍微憨直了一些，處理事情不夠靈活，陳平可以幫他忙。陳平小聰明很多，可是不能獨當一面。周勃為人寬厚自重，不做表面工夫，可是將來安定咱們劉氏天下的，必定是周勃，可以讓他擔任太尉（掌軍事）。」

呂后再問以次。

劉邦說：「再往後，妳也管不到了。」

呂后顯然沒有體會到劉邦所謂「安定咱們劉氏天下」的意思，否則後來不會任命「王陵／陳平／周勃」的執政團隊，而後來平定「諸呂之亂」（呂后當家，娘家兄弟外甥一度執掌大權），也是陳平跟周勃主導，證明了劉邦的先見與高明。

然而，劉邦的遺言確定了「蕭規曹隨」，因此奠定了大漢帝國長治久安的基礎。

【贊】

之前提到蕭何能夠與時俱進，在帝國肇建，自己成為相國之後，他制訂《九章律》，在秦代舊律的六章（盜、賊、囚、捕、雜、具）之外，加上「戶、興、廄」三章。而九章律加上叔孫通、張湯、趙禹等制訂的律法，組成後世所稱「漢律」。

也就是說，當初劉邦入關與關中父老「約法三章」，是讓關中百姓在秦朝嚴苛法律之後鬆一口氣，而大漢帝國肇建之後，蕭何將秦法修改增補，使法律更完整周到。秦朝法令的弊病是失之嚴苛，蕭何自己擔任相國，加上曹參跟他作風一致，能夠保持法令不至於過分嚴苛。也就是說，漢朝能夠比秦朝更「合理法治」，那正是人心安服的重要因素。

而曹參的態度更為難得：他跟蕭何雖為一同起義的老同志，可是我們看過太多例子，老伙伴「未達時友善，既達時有隙」，古今皆然。曹參能夠承認自己不如蕭何已經不容易，為了國家而不求個人名聲，更堪為千古典範。

同時，前漢初年丞相能夠「封還詔書」，相當於宰相擁有複決權，這跟最初幾位宰相如相國蕭何、曹參，丞相王陵、陳平等，都是和劉邦一同打天下的老同志，壓得住屬於晚輩的劉姓諸王列侯有關（相權到漢武帝時才遭壓制）。而「蕭規曹隨」讓呂后無可利用蕭曹之間的矛盾，也是形成相權能夠制衡皇權的重要因素。

總之，劉邦與諸將立「白馬之誓」是有意識的，但這個誓約只有在誅除諸呂時產生了作用，後來甚至成為「七國之亂」的根源；而「蕭規曹隨」是劉邦無意識造成的，卻奠定了西漢帝國綿祚二一〇年的基礎。

卷二

耕讀世家子弟得天命

——東漢光武帝劉秀

讖云：「劉秀當為天子。」
光武曰：「何用而知非僕乎？」

王莽篡漢後，搞得民不聊生，終至變民蠭起而人心思漢，這是劉秀的時代背景。如果不是天下大亂，劉秀大概會耕田讀書一輩子，並且是南陽同鄉口中的耕讀楷模。如此一個安分守己的角色，居然成為東漢（後漢）王朝的開國君主，歸結原因跟劉邦一樣——時勢造英雄。

於是我們先來瞭解時勢：王莽怎麼篡奪了西漢（前漢）王朝？又怎麼搞成人心思漢？

漢高祖劉邦建立漢朝「天命」後，經過文景之治，傳到漢武帝時國力鼎盛達到巔峰，雖然被他揮霍殆盡，但武帝的曾孫漢宣帝號稱中興，國家又回到文景之治的榮景。可是大漢帝國從宣帝之後開始走下坡，元成哀平四世外戚干政弄權，朝政日非。根本原因是連續出現小皇帝，由太后主政，於是太后娘家兄弟入朝「襄佐」，最混亂的時候曾經「四太后並立」，收拾那個亂局的是王太后王政君，且由於她活得很久，王氏兄弟長期輪流執政，王家奢靡無度。這時候出了一個「奇葩」王莽，居然能夠出淤泥而不染，禮賢下士，模仿周公「一沐三捉髮，一飯三吐哺」，贏得當時儒家學者的一致讚譽。

漢武帝獨尊儒術之後，百家不再爭鳴，所有的學者都是儒家，且由於學官一體，朝廷官吏也都是儒家。同時又因本屬陰陽家的陰陽五行說化整為零滲入了儒家學說，這些儒家學官們為王莽製造了很多神蹟、讖言，塑造王莽成為「外戚救世主」，也因此創造了另一個奇蹟——易姓移鼎而能不流血，假託「禪讓」之名，上比堯舜，讓王莽篡了漢室。

理論上，王莽是一個改革者，當時的政治也著實需要大大改革一番。問題在於，王莽跟他身邊的馬屁集團長期欺騙大眾，謊言說多了，結果自己深信不疑。既然王莽「上比堯舜、周公」，因此他的改革乃就全面復古。其中最嚴重的是幣制改革，王莽的新朝廢止漢朝五銖錢，改用貝幣、布幣、刀幣等古代貨幣，結果金融秩序整個破壞，交易幾乎完全停止，百業俱廢，民生凋敝。民間歌謠唱出「黃牛白腹，五銖當復」，也就是說，人們其實並不懷念漢朝政府的劣政（外戚干政），人心思漢，「思」的是漢朝的五銖錢！總之，王莽的改革變成一場全國性的災難，人們無法生活，於是嘯聚山林成為變民集團，攻打州縣、劫掠鄉村——天下大亂。

劉秀是劉邦的後代，中間隔了八代，自他上溯六代還是長沙王，到他父親只是個知縣，家族在南陽郡（跨今河南湖北二省）是大地主。劉秀在兄弟中排行第三，曾經遊學長安，平素「勤於稼穡」，所以是個典型的耕讀世家子弟。

劉秀的大哥劉縯卻不是安分守己之輩，他「慷慨有大節，不事家人居業，交結天下雄俊」，更常常將劉秀比作「高祖的二哥」——劉邦的二哥劉仲對家中農事賣力，劉太公以前常常責備劉邦「怎不學學二哥」，等到劉邦當了皇帝，乃有了這一幕：皇帝劉邦對太上皇劉太公一吐怨氣：「我現在的產業比起二哥怎樣啊？」

【原典精華】

高祖大朝諸侯群臣，置酒未央前殿。高祖奉玉卮，起為太上皇壽，曰：「始大人常以臣無賴，不能治產業，不如仲力。今某之業所就孰與仲多？」

——《史記・高祖本紀》

劉縯將劉秀比作劉仲，很顯然是自比高祖劉邦，也就是胸懷大志。後來南陽軍起義抗莽初期，劉縯一直是領袖，因此受更始皇帝劉玄忌憚並害死。

然而，劉秀卻不是靠老哥成事的角色：當發覺人心思亂，他第一個勸老哥舉事；舉事時脫掉儒衫穿上戎裝，跌破鄉親眼鏡；昆陽之戰能激勵守軍意志，膽敢率十三騎突圍，能勸服各地守將救援昆陽，在援軍到達昆陽後，更能率先衝鋒，打第一仗、立第一功；更始殺了劉縯，劉秀居然能若無其事，繼續處更始之下；在河北形勢不利時，仍能保持鎮定，臨機應變。他絕不強出頭，可是看到機會來了，絕不後人；事情順利、形勢有利則「得隴

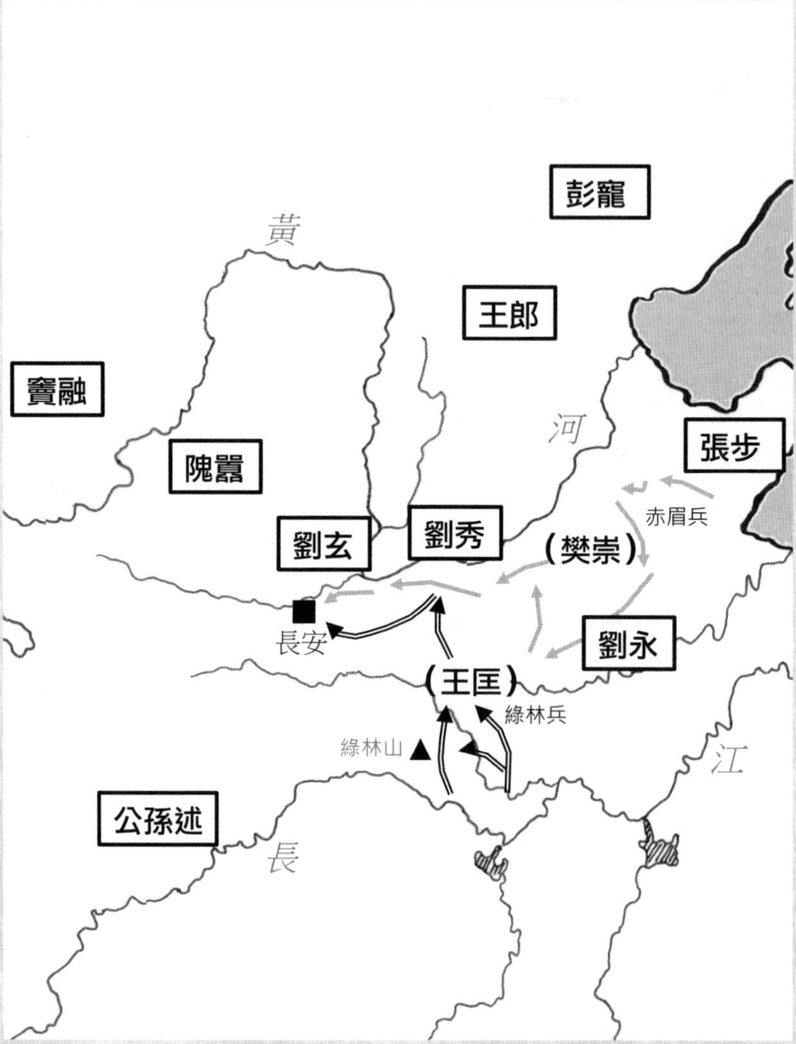

新莽末期群雄割據

望蜀」，事情不順利、形勢不利則「失之東隅，收之桑榆」；該奮戰力拚則奮戰力拚，該迂迴就迂迴，可以「驅狼趕虎」就絕不「暴虎馮河」。一旦天下大定，需要專心治理，他立刻成為一位勤勞的皇帝，臣子勸他不要太勞累，他說「吾自樂此，不疲也」。

要跟劉邦比較的話，劉秀面對的狀況比劉邦複雜多多。劉邦只要對付一個項羽，可是劉秀卻四面都是敵人：他的根據地在河北、河南，這一片土地上當時有數十個變民團體，還有兩個已經稱帝的對手，往東有自稱齊王的張步和人數最眾的變民團體「赤眉」，往西關中是綠林軍建立的玄漢政權，更往西的甘肅有兩個割據軍閥隗囂和竇融，四川則有稱帝的公孫述。

劉秀的本事於是展現：他不但能令英雄豪傑歸附於他，還能分派適當的將領去平定各個地方，並且讓這些英雄豪傑聽他的調度，按照他訂的順序採取行動；更能抓住時機，在對手被擊敗崩潰時，親自到達前線接受投降（預防將領坐大）。

劉邦曾經說，他贏過項羽是因為他能用蕭何、張良、韓信等人才，以這一點來看劉秀的話，劉秀擔任主帥還要身兼張良與韓信的角色，著實不易。

然而，劉秀蒙受了劉邦最大的遺澤——人心思漢，若不是因為西漢建立的正統觀念，「還是要姓劉的當皇帝」不會廣為人民接受。

1、起義前後——娶妻當得陰麗華

劉秀早年曾經遊學長安，而且是「勤工儉學」——沒錢坐馬車，跟一位韓姓同學合買了一頭驢，兩人坐驢車去長安。路上拉「黃魚（搭便車）」同乘驢車，貼補旅費。到了長安，進入太學，專攻《尚書》。

劉秀在長安眼界大開，說出一句名言：「仕宦當作執金吾，娶妻當得陰麗華」，意思是「要做官，就該做執金吾；娶老婆，就該娶陰麗華」。

執金吾官位不高，但是威風很大：長安的京城衛戍任務由南軍和北軍負責，南軍掌宮禁安全，首長是衛尉；北軍掌巡察、禁暴、督奸，首長是執金吾——可以想像執金吾巡察街道時的威風。如此「志向」比起劉邦那句「大丈夫當如是也」，似乎小很多，劉秀因此被評為「初無大志」。

陰麗華是劉秀家鄉南陽郡新野縣有名的美女，劉秀在二十九歲那年，果然娶了陰麗華

（當年十九歲），但是因為劉秀戎馬倥傯，陰麗華在成親三個月後就被送回南陽。直到劉秀稱帝，才派人接來陰麗華。但是劉秀在征戰過程中，又結了一門政治婚姻，娶了真定王劉楊的外甥女郭聖通，陰麗華暫時委屈當貴妃。後來劉秀廢了郭皇后，改立陰皇后。

【覘】

乘著驢車到長安遊學的窮書生，以執金吾為目標，是不是「無大志」？有討論的空間。然而，劉秀一心要娶陰麗華，先是在四處征戰的時候迎娶，然後拋下新婦回去戰場；稱帝後將她接到行在（皇帝出巡或出征時的駐在地），若非陰麗華堅持謙讓，郭皇后當時就被廢了，而最終仍然立陰麗華為后。

以此觀之，劉秀對陰麗華是絕對專情的。古時候一般男人都未必如此，何況皇帝？更何況郭皇后是政治交換的婚姻。易言之，劉秀的性格是有所堅持的。

很巧的，本書五位主人翁對他們的元配都很專情，雖然他們都有很多後宮嬪妃。（曹操廢丁夫人，是因為長子曹昂之死而反目，曹操曾欲迎回卻不成。）

在王莽尚未篡漢時，民間就流傳一段圖讖文字：「劉秀發兵捕不道，四夷雲集龍鬥野，四七之際火為主」。這一段讓人完全看不懂的文字，卻在後來「人心思漢」氣氛中，轉化成「劉秀當為天子」的傳言。且因為這個傳言，王莽的國師劉歆為此改名為劉秀。

有一次，劉秀與姊夫鄧晨一塊兒去拜訪一位術士蔡少公。蔡少公引上述讖言說「劉秀當為天子」，一旁有人接口：「難道是國師公劉秀嗎？」劉秀開玩笑說：「你怎麼知道不是我呢？」在座眾人哄堂大笑，只有鄧晨私心竊喜，認為小舅子必有大成就。

宛城（南陽郡治）有一位學者李守，平素研究星象與圖讖，對他的兒子李通說：「劉氏將復興，李氏輔佐他。」李氏父子看好劉縯，於是當劉秀到宛城賣米時，李通派堂弟李軼將劉秀接到家裡款待，以圖讖遊說劉秀。雙方約定藉立秋騎兵校閱的日子，劫持南陽郡軍政首長，號令軍隊起義。

劉秀當時聽到李氏昆仲說及「外面人心思漢」，認為時機已至，回家就跟老哥劉縯商量起兵反莽。劉縯糾集賓客並向族人宣布，族人原本對「起義」非常害怕，有人躲起來不敢出面，說「伯升（劉縯的字）會害死我們」。及至看到劉秀也以戎裝出現，驚訝的說：「連這位老實人也敢呀！」這才人心大定，集結了七、八千人，打起「漢軍」旗號，劉縯自稱「柱天都部」。

【原典精華】

初，諸家子弟恐懼，皆亡逃自匿，曰「伯升殺我」。及見光武絳衣大冠，皆驚曰「謹厚者亦復為之」，乃稍自安。

——《後漢書・光武帝紀》

當時各地變民蠭起，最早也最大的一股是山東的赤眉，湖北一帶則是嘯聚綠林山的流民，人數有二、三萬之多，稱為「綠林兵」。下山後分兩路移動，向西一路稱為「下江兵」，向北一路稱為「新市兵」。新市兵會合另一路「平林兵」，進入南陽郡，劉縯派人去跟他們聯絡，一同攻擊長聚，又攻下唐子城後，變民軍居然屠城！如此軍紀蕩然的雜牌軍，在第一次勝仗之後，就因分贓不均鬧內鬨，新市兵與平林兵吵著要攻打劉家軍。解決這個狀況的是劉秀，他將所有劫掠而來的財物，全部分給新市兵與平林兵，大家回嗔為喜，繼續向前挺進。

聯軍的第二仗遇上了南陽郡政府軍，當時大霧瀰漫，漢軍大敗。劉秀單人匹馬逃走，遇到妹妹劉伯姬，拉她上馬，兩人共一騎逃命。後來又遇到姊姊劉元，劉秀催促她上馬，劉元說：「你們快逃吧，不必死在一塊兒！」說著，追兵已到，劉元與她的三個女兒都遭殺害，劉氏族人死了數十人，包括劉秀的二哥劉仲。

【贊】

這一段正好可以跟劉邦在彭城之戰大敗後的表現對比：劉秀是耕讀世家子弟，跟妹妹共騎逃命；而劉邦是流氓，路上將兒子女兒推下車。兩人的行為截然相反，也看出流氓階級跟資產階級的價值觀差異。

新市兵與平林兵見漢軍大敗，信心動搖，想要從戰場撤退。正在此時，下江兵五千餘人前來，劉縯帶著劉秀、李通去見他們的首領王常。說服王常後，王常又說服下江兵其他將領。下江兵加入漢軍，再會合新市兵與平林兵，軍容復振。聯軍休養三天後，分六路出擊，先偷襲獲取南陽郡政府軍的輜重（器械裝備），再大破南陽郡軍隊。然後挺進到宛城，與新政府派出的剿匪軍將領嚴尤、陳茂會戰，大勝。

至此，劉縯的軍隊已有十餘萬兵力，因而讓新市兵、平林兵感受到威脅。於是，他們推出一個傀儡，平林兵的「更始將軍」劉玄（與劉縯是劉姓皇族同一支的堂兄），合謀擁戴劉玄稱帝，以制衡劉縯。

淯水河畔沙灘上，堆起了一座高壇，劉玄在壇上即皇帝位，面向南方而立，接受群眾朝拜，定國號為漢，年號更始，史稱「玄漢」。可是這位新皇帝既緊張又羞愧，滿頭大汗，只會舉手示意，講不出一句話來。他的表現令現場許多英雄豪傑失望，內心不服。

【覘】

前文比較了劉秀跟劉邦，而這一段最值得覘探的，應該是比較劉秀與劉縯。劉縯是大哥，有江湖氣，有領導慾，一向有志於復興漢室。可是當外面世界已經「人心思漢」的時候，反而是劉秀敦促老哥舉事——劉秀比劉縯更能掌握時機。舂陵舉事時，族人驚訝「謹厚者也敢起義嗎？」於是大家都參加了。——劉秀「不為人先，但亦不落人後」的性格在此時展露無餘。這兩個舉動更令人好奇，劉秀當時下了怎樣的決心？同樣是耕讀子弟，他為什麼就比其他人敢？

當新市兵、平林兵為了分贓不均內訌時，是劉秀決定將掠得財物全部分給他們，這個決定當時怎麼下的？劉縯個性豪爽，可是他並沒有想到要這麼做，而劉秀的想法顯然是「打天下還要靠他們，此時不能吝惜財物」——一個勤於稼穡的讀書人，怎麼能在如此緊繃的場面下，快速且果斷的下如此決定？而如此快速決斷在後來昆陽之戰中也出現。

也就是說，起初看來劉縯是領袖，劉秀是附隨，最終卻是劉縯被殺而劉秀稱帝，不能簡單用「天命」來解釋。必須說，劉秀總是能夠準確判斷當下形勢，而且能當機立斷，做出的決定總是能夠解決問題，這種特質才是他能關關難過關關過的原因。

至於劉秀那一句：「怎麼知道不是我呢？」當場聽到的人都沒當他一回事，但劉秀是純搞笑嗎？顯然不是。所以在李氏父子對他「以圖讖說之」後，劉秀回去就勸劉縯舉事。或許，劉縯是從來都胸懷大志，但若說劉秀沒有大志，未免小看他了。

2、能伸能屈——從昆陽到洛陽

遍地民變，王莽為了表現自信、鎮定，將自己的白髮染黑，並一口氣娶了一百二十位後宮嬪妃，然後降詔全國大赦，同時派王匡、哀章討伐青徐盜匪（赤眉），嚴尤、陳茂討伐南陽盜匪（綠林），但是卻要將領們「明白告示，為他們指點生路，保證從良不殺」，「如果執迷不悟，將派大司空（王邑）率百萬大軍剷除根絕」。也就是說，王莽一直自比堯舜來欺騙人心，謊言說多了，雖然已經騙不了人，自己卻深信不疑，相信用教化可以治理天下——要軍事將領去教化變民，簡單說，就是不求打勝仗！

嚴尤、陳茂被劉縯擊敗，綠林軍更擁立劉玄稱帝，消息傳到長安，王莽只得打出「王牌」，派王邑與王尋率領百萬大軍東征平亂，大軍包括六十三位兵法家擔任參謀，以及一名「巨無霸」（身高一丈，腰粗十圍，小車載不下，三匹馬拉不動，睡覺頭枕戰鼓，吃飯以鐵棍為箸），還有大量猛獸（虎、豹、犀、象等），總數四十三萬人，號稱百萬。大軍由長安朝洛陽進發，旗幟、輜重、人馬絡繹於途，迤邐千里，跟嚴尤、陳茂會合。

王莽大軍聲勢浩大，首當其衝的綠林兵將領不敢對抗，各自退兵，最後都退進了昆陽城（今河南葉縣）。城裡瀰漫著恐懼氣息，將領們掛念自己的妻兒老小，於是有人主張化整為零，各自散去，說得好聽是「不讓敵人捕捉到主力」。

這個節骨眼上，唯一持反對意見的，只有劉秀一個。

他說：「我們兵力既少，糧食更少，而敵人卻強大無比。如果合力禦敵，還有成功的機會，一旦散去，必定被逐一收拾。目前宛城的軍隊還不能來救，萬一昆陽陷落，其他部隊將在旦夕之間被消滅殆盡。這是只能拚死守城的局面，想不到各位非但不能肝膽相照，誓死同心，反而只想到妻子兒女！」

諸將大怒，對著劉秀咆哮：「你怎麼敢說出這種話！」

劉秀笑笑，起身離席。但他才出去，就有探馬來報：「敵人大軍即將到達城北，連營數百里，看不見尾巴。」

那些剛才對劉秀大小聲的將領，面對緊急狀況，不知所措，只好再去請他回來商量。

劉秀不慍不火，對著地圖分析情勢。

諸將早沒了主意，只好說：「全聽劉將軍的。」

劉秀帶領十三騎衝出南城，王邑聽說守城軍有少數騎突圍，才下令圍城。昆陽城外布下數十重包圍，鉦鼓之聲傳至數十里外。日以繼夜攻城，挖地道、衝撞城門，箭下如蝗，矢下如雨，城中守軍必須揹著門板才能汲水。

嚴尤建議王邑：「昆陽城小而堅固，攻城不易成功。而那個竊號稱帝的傢伙（指更始皇帝劉玄）不在這裡，而在宛城。我們大軍攻向宛城，宛城解決了，昆陽自然平定。」

王邑說：「我率領百萬大軍，遇到第一個叛軍城池，如果打不下來，無以展現軍威。我要先攻下此城，屠殺全城，踏著敵人的鮮血前進，前鋒高歌，後衛舞蹈，豈不快哉！」

不許投降，又無法突圍，昆陽守軍乃只有死守一途。

另一方面，劉秀突圍後，在郾城、定陵一帶徵調所有可能徵調到的變民軍隊。有些將領貪惜掠奪來的財寶，想要保留兵力看守，劉秀對他們說：「這一次若能打敗敵人，等待我們享用的財寶何止萬倍？若被敵人打敗，人頭都沒了，要財寶有何用？」諸將被他說服，乃投入所有兵力。

援兵接近昆陽，劉秀親率一千兵力為前鋒，在距離王邑大軍四、五里的地方布陣。王邑派出數千人挑戰，劉秀率先衝鋒，斬首數十級。

贏了第一回合，玄漢軍乘勝挺進。莽軍陣腳鬆動，向後退卻，各路援軍乘勢攻擊，斬首數百、千人。

劉秀再領三千人組成敢死隊，沿著護城河直衝王邑指揮部。王邑與王尋未將這支敵軍放在眼裡，自領一萬餘人，結陣以待；下令各營「不得允許，不得出動」，想要親自收拾闖入包圍圈的敢死隊。

誰曉得，指揮系統已經失效，王邑部下軍隊無法抵擋勢頭，紛紛向後撤退，而各營未奉命令，又不敢馳援。於是王邑、王尋陣腳為之大亂，劉秀的敢死隊衝鋒陷陣，王尋在亂軍中被殺。

困守城內的玄漢軍將領望見，一個個都受到激勵，說：「劉秀平素遇到小撮敵人都會膽怯，如今遭逢強大敵人卻如此勇敢，真是奇怪。還敢親自帶隊衝鋒，我們不應該在城上觀戰，應該下去與他一同殺敵。」

【贊】

後世史家認為劉秀擁有天命，很多都引「見小敵怯，見大敵勇」為證據，否則怎麼可能遇弱者膽怯，遇強者反勇呢？

然而，這種看法可能沒有考慮到：大敵要來，會有足夠的時間和情報評估情勢；而小敵卻多半是突然出現，狀況不明。

易言之，劉秀的保守性格使得他「見小敵怯」，對於王邑百萬大軍，情勢雖然險峻，但狀況卻清楚。

劉秀能在大軍壓境的情況下，想出救亡圖存之路，才是他超越那些綠林軍將領之處。

於是，昆陽城內守軍開城殺出，前後夾擊，殺聲震天。王莽大軍譁然崩潰奔逃，人馬相互踐踏，百里內伏屍遍地。又恰遇風雲變色，巨雷狂風，屋瓦飛蕩，大雨傾盆而下，河水暴漲，莽軍帶來的虎豹猛獸在木籠中戰慄，士卒淹死者上萬人。王邑帶著嚴尤、陳茂，拋棄輜重，輕騎逃出，踏著士卒的屍體渡過河水，狼狽逃回洛陽。數十萬大軍潰散，散兵各自逃回家鄉郡縣，無法再作集結。

在此之前，劉縯領兵攻克宛城，成為玄漢都城，現在劉秀在昆陽之戰立了大功，新市兵與平林兵對劉氏兄弟的威名日盛倍感威脅，於是慫恿更始皇帝劉玄藉故殺了劉縯。

劉秀人在前線接到噩耗，奔回宛城「請罪」。劉縯舊屬齊集迎接劉秀（等待指示），劉秀不跟他們做言語上交談，只深深的鞠躬答禮，也不為劉縯服喪，飲食、言語一如平常，老哥之死，只當沒事。

劉秀晉見更始，絕口不提自己在昆陽大捷的功勞，如此表現令劉玄感到內疚，擢升劉秀為破虜大將軍，封武信侯。

擊潰百萬大軍之後，玄漢得到天下人心認同（因為人心思漢），於是發出檄文，高舉「興漢滅莽」旗幟，進軍關中。

長安城內，王莽已經眾叛親離，不敢相信任何人，陷入深度憂慮，自悲自憐加上惱羞成怒，使他食不下咽，成天飲酒澆愁，配一點鮑魚。精神稍好的時間，都用來讀兵書。但是光讀兵書退不了敵，終於玄漢軍攻進長安城，長安城中年輕人動作更快，縱火焚燒皇宮便門，衝進未央宮。

王莽逃到未央宮宣室前殿，手中拿著帝虞（舜）的匕首，還拉著天文郎（占卜官）為他找到宮殿內最佳方位坐下，口中喃喃自語：「天命在我，漢兵能拿我怎樣？」最終，王莽的屍體被割成碎塊（暴民搶屍體爭功），人頭被送到宛城，懸在街市示眾。

玄漢更始皇帝想要定都洛陽，任命劉秀為司隸校尉，先去洛陽修建宮殿與政府機關辦公廳舍。劉秀這下子可以一遂「執金吾」心願了（司隸校尉此時等同京城衛戍司令），他按照前漢的典章制度，組成自己的司隸總部，設官任職，用正式公文行令所屬郡縣。

當時，三輔（大長安）官員派出代表到洛陽去迎接更始皇帝，以示輸誠。一路上看見玄漢軍將領都沒有頭盔、冠帽，只用布巾包頭，身上衣服如婦人一般，都掩口偷笑。等到了洛陽，看見司隸校尉屬下的官員作為，激動得難以克制情緒，一些較年長的官吏甚至感動到流淚，說：「沒想到今天再次見到大漢帝國的官員威儀！」

【原典精華】

時三輔吏士東迎更始，見諸將過，皆冠幘而服婦人衣，莫不笑之；及見司隸僚屬，皆歡喜不自勝，老吏或垂涕曰：「不圖今日復見漢官威儀！」

——《資治通鑑．漢紀三十一》

劉玄進入洛陽宮殿，開始認真思考一統天下，首先要搞定黃河以北地區的眾多變民集團。他苦思適當人選而不得，後經人建議，任命劉秀為大司馬，前往河北招撫變民。

劉秀始終不露出喪兄之痛，表面十分平靜，可是每逢單獨自處，都不吃酒肉，枕席間常留下淚痕。如此小心謹慎，才得到劉玄對他放心，因此保住性命，終於等到了這個機會出現。

【贊】

王莽說「天命在我」，充分凸顯他昧於天理：天下間絕對沒有失去人心的「天命」。

更始殺了劉縯，卻相信劉秀不會叛變，同樣也是「天命在我」的自大。

劉秀能夠忍住兄死之痛，外表一切如常，絕非靦顏事仇，也不只是包羞忍辱，而是「有所待」。這種忍，近似春秋時越王句踐那種「忍」，兩人具有同樣堅忍的意志力，但相較於句踐的殘忍，劉秀寬厚且胸襟格局大得多。又，合理研判劉秀在前往宛城請罪途中，已經想好往後如何對付劉玄，這一點近似劉邦在彭城大敗逃命途中已想好怎麼對付項羽。

而經營洛陽都城那一段，劉秀施行的是前漢制度（他在長安看到的），展現他能在亂世中建立秩序的能力，這種能力透過老吏之口，再經過父老（平民社會的意見領袖）之口，就會形成公論。因此，在「人心思漢」的普遍心理之下，最終人心歸向劉秀，而唾棄劉玄（綠林兵）、劉盆子（赤眉）等其他姓劉的皇帝。

本章還有一個反面教材：劉縯。他素有復興漢室大志，性格豪爽，長期結交英雄豪傑，而且能征善戰，劉家軍以他馬首是瞻，如果最終由他勝出，肯定被形容是真命天子。可是他卻忽視了最嚴峻的一件事：任何人一旦稱帝，就擁有生殺大權。

劉縯很可能完全不把劉玄放在眼裡，可是他忽視劉玄若要殺他可以「莫須有」！這是劉縯所犯下錯誤，同時也是劉秀堅此百忍而始終未犯的錯誤——天命就此決定。

3、大度能容——推赤心入人腹中

劉玄沒殺劉秀，為「王者不死」添了一個例證。而且，劉秀其實無法選擇跟劉玄對抗，當時天下人心幾乎都向著更始漢帝——歸納這一段期間，稱帝者十人、稱王者八人，稱大將軍、上將軍等暗示統領天下意味頭銜者三人，其中國號為「漢」者八人，姓劉的八人，但能夠號令天下的只有玄漢政權。

可是劉玄搞砸了，他實在不是當皇帝的料，玄漢政府基本上還是綠林兵的變民組合。劉玄坐在皇帝龍椅上，諸將晉見時，居然問：「這次擄掠所得多少？」把一向都在長安宮裡的隨侍官員都聽呆了。

【原典精華】

> 更始既至，居長樂宮，升前殿，……諸將後至者，更始問虜掠得幾何，左右侍官皆宮省久吏，各驚相視。
>
> ——《後漢書・劉玄列傳》

劉玄如果沒有「外放」劉秀，劉秀未必有能力在長安發動兵變，即使兵變成功也未必鎮得住綠林諸將。現在劉秀頂著玄漢政權的大司馬頭銜，有號令各地方政府的「合法性」，才有機會展現他的能力，贏取人心。然而，這個任務想當然極度困難，更不會是肥缺，否則也輪不到劉秀。

當時河北變民如雨後春筍：銅馬、大彤、高湖、重連、鐵脛、大槍、尤來、上江、青犢、五校、五樓、富平、獲索……，看名稱就知道水準不高，所以始終是在地土匪，談不上爭勝天下。可是，要平服這些地頭蛇，必須四面作戰，因此除了要有軍隊，還需要很多將領人才。

東漢開國「雲台二十八將」當中，南陽同鄉有十一位，另有七位是隔壁郡潁川（郡治在今河南許昌市）人，「南陽幫」算是劉秀陣營的主幹。但若撇開同鄉關係，二十八人中，有二十人是在劉秀經略河北期間加入陣營。最具代表性的一位，也是雲台二十八將之首的鄧禹，他是南陽人，更與劉秀在長安就認識，聽說劉秀在河北，從家鄉不辭跋涉投奔劉秀。當時劉秀巡行在河北諸郡縣，鄧禹一路步行追趕，終於在鄴城追到。

劉秀對鄧禹說：「我得到授權可以封爵任官，先生遠道而來，是有意入仕嗎？」

鄧禹說：「不想做官。」

劉秀：「那你想要什麼？」

鄧禹：「希望閣下能成為天下之主，而我能在你屬下效尺寸之力，讓我得以名留青史。」

這段對話反映了人才投奔劉秀的共同心理，而劉秀還有一個人所不及的才能——他能分辨前來投奔者的動機。

亂世是人才出頭的大好機會，但也是冒險家、野心家的樂園。劉秀到了河北，一位劉姓皇族劉林主動上門，他是漢景帝的七代孫，父親是趙王劉元（因犯罪而問斬）。劉林建議劉秀：「決開黃河堤防，赤眉軍將全部成為魚鱉。」劉秀已經得到授權號令河北，若再消滅當時最大股變民赤眉，就掌握了山東和河北，三分天下有其一，這確實是一個野心勃勃的戰略。可是那一句「赤眉為魚鱉矣」讓劉秀看穿了劉林——他是個人才，但這種人為達目的不擇手段，即使留用也會生異心，於是他拒絕了這個提案。

於是劉林轉向河北另一股勢力——王郎。王郎原本是一個算命郎中，自稱是漢成帝的兒子劉子輿號召抗莽。劉林結合原趙國豪族擁立這個山寨貨，號召人眾，很快集結了數千人（人心思漢可見），然後在一天早晨，率領數百騎兵與戰車突然進入邯鄲城，接管趙王宮，傳檄天下「劉子輿為漢天子」，河北諸郡一時望風響應。當然，他們的首要戰犯就是「長安偽政權」派來的劉秀。

劉秀此時人在薊城（今北京市西城區），他派王霸到薊城街上招募軍隊，反而遭到街上人們的訕笑，王霸羞愧而回。這個時候，王郎懸賞十萬戶收買劉秀人頭的宣撫使者也來到了薊城，城內氣氛突然轉為詭譎——退出薊城是明智之舉，但是要往哪去呢？往北是漁陽、上谷（範圍跨今北京、河北、天津），可是諸將多為中原人，傾向往南，只有耿弇極力主張往北。

劉秀決定往北，指著耿弇對諸將說：「他就是我的北道主人。」

耿弇是何許人？他是上谷太守耿況的兒子，原本耿況派他去長安（玄漢從洛陽遷都長安）向更始覆命，耿弇半路上決定投向劉秀。劉秀此時想要往北去上谷，但是形勢陡變，北向無法實現。

市井傳言王郎的使者已經到了薊城，郡縣官吏都已經出城迎接。很現實的，薊城此刻不容許有更始的使者，否則全城都危險。劉秀突然發現，自己居然成了全城人的公敵，慌忙離開驛所，派耿弇回上谷討救兵，自己則帶領人馬不分晝夜往南奔馳，不敢進入城邑，只敢在路旁進餐。

逃到饒陽（距薊城已一百八十公里），人馬飢寒交迫，已經無力再奔馳。於是劉秀決定冒險一試，自稱是邯鄲使者（王郎派出的使節），堂而皇之叫開城門，住進驛所，吩咐驛所人員安排飲食。

這一群「使者」見了食物，像流浪漢一般爭搶，完全不成體統。驛所人員起了疑心，暗中教人擂鼓數十通，然後高聲通報：「邯鄲將軍（王郎的軍隊）到！」所有人頓時大驚失色，劉秀也慌忙上車。正要驅車奔逃時，想到人在城內反正逃不出去，復又從容還座，傳話：「請邯鄲將軍入見。」這才證明是虛驚一場，得以在饒陽休息足夠後離開。

一路上不斷有傳聞「王郎追兵快到了」，令隊伍陷入恐慌。接近滹沱河時，探馬回報：「河上漂滿浮冰，船不能行，無法渡過。」

劉秀派王霸前往查看狀況。

王霸擔心這個消息會使得逃亡隊伍一哄而散，因此回報：「浮冰已經合凌，冰面堅硬，車馬可過。」從者聽了都很高興。

劉秀說：「真是的，探馬也不弄清楚情況。」於是人馬繼續往滹沱河前進。

到了河邊，河冰還真「合凌」了。人馬渡河，還剩最後數騎未渡過，合凌的冰層又裂開了——這是運氣，還是天命？

渡過滹沱河，算是暫時安全了。劉秀得到南陽同鄉信都太守任光的支持，聯合和戎太守邳彤，在二郡招募精兵四千餘人，又有劉植（數千人）、耿純（二千餘人）等來歸，部眾達到數萬。這時劉秀結了一門政治婚姻，娶真定王劉楊的外甥女郭聖通為夫人，劉楊原本是王郎的支持者，就此倒戈支持劉秀，形勢乃逐漸逆轉，接連擊敗王郎軍隊。

上谷那邊，耿弇說服耿況聯合漁陽太守彭寵一同支持劉秀，二郡合出人馬六千人南下，但重要的不是兵馬人數，而是這一支隊伍中，除了耿弇之外，還有寇恂、吳漢、蓋延、王梁等後來列名雲台二十八將的將領。生力軍加入，劉秀如虎添翼，王郎終於不支請降。可是劉秀不答應王郎的投降條件（封萬戶侯），王郎部將私開邯鄲城門，王郎逃出城，被王霸追上擊殺。

劉秀檢視王郎的檔案，發現有己方人員與王郎私通的信件，數目達數千封之多。內容包括向王郎表態效忠，以及毀謗劉秀。換做其他人，只怕要一一核對，查明屬實後，加以報復。可是劉秀完全不追究，他召集全體將領，公開燒毀這些書信，說：「讓那些擔心事發，翻來覆去睡不著覺的人安心。」

【原典精華】

秀收郎文書，得吏民與郎交關毀謗者數千章。秀不省，會諸將軍燒之曰：「令反側子自安！」

——《資治通鑑．漢紀三十一》

擊敗王郎後，劉秀開始撫輯變民集團。

在最大一股「銅馬」兵敗投降之後，劉秀封這些變民軍的頭目為侯，以收編其兵力。但是劉秀麾下諸將不信任這些盜賊，變民也感受到未獲信任而內心不安，氣氛緊繃，隨時可能爆發衝突。

劉秀察覺到這種情緒，乃下令投降部隊各自回到軍營，武裝備戰。自己則帶領少數隨從到各軍營巡視，以示信任。

投降的變民相互傳話：「蕭王將他的一顆赤心放到我們的肚腹內，怎能不教我們為他效死？」全都心悅誠服。於是，劉秀擁有了數十萬軍隊。

【原典精華】

蕭王復與大戰於蒲陽，悉破降之，封其渠帥為列侯。諸將未能信賊，降者亦不自安；王知其意，敕令降者各歸營勒兵，自乘輕騎按行部陳。降者更相語曰：「蕭王推赤心置人腹中，安得不投死乎！」由是皆服，悉以降人分配諸將，眾遂數十萬。

——《資治通鑑・漢紀三十一》

銅馬稱劉秀為「蕭王」，那是更始給劉秀的新封號，但同時召劉秀回長安，將兵權交給其他人。

劉秀當然不會接受這個安排，也就是說，劉秀事實上已經跟玄漢政權公開決裂。諸將於是開始勸進劉秀稱帝，劉秀一再拒絕，直到河南一帶的玄漢勢力全數肅清後，耿純進言：「天下英雄豪傑拋棄他們的親人、土地，追隨大王征戰四方，為的就是能夠攀龍鱗、附鳳翼，成就一番事業。如今大王拖延時日，遲遲不稱帝，我擔心英雄豪傑將因期待落空，不願再留下來打拚（主子不稱帝，部下就不能裂土封侯）。人馬一散，可就難以再聚集嘍！」

於是劉秀稱帝，國號當然稱「漢」，史稱東漢。

【贊】

推心置腹、攀龍附鳳都是我們常用的成語，「令反側子自安」更是膾炙人口的故事，而本章更看到劉秀收攬人心的手段多樣化：

頂住諸將想要往南的壓力，說耿弇是「北道主人」，那一把劉秀算是賭贏了：賭注是諸將的向心力，紅利是上谷、漁陽的數萬精銳邊防軍。在此之後，賭滹沱河上的浮冰會合凌也押中了，但那是純賭運氣，「北道主人」則是精算過的，還附帶了耿弇的死心塌地。

隨耿弇一道南下的上谷將領寇恂是另一個例子，劉秀任命寇恂為河內（郡治懷縣在今河南武陟縣）太守，並對他說：「從前高祖把關中交給蕭何，而今我把河內交給你。盼望供應不絕，兵源不缺。」寇恂果然不負使命，在河內徵集糧秣、製造武器供應前方，跟當年蕭何對劉邦一樣死心塌地。

看一下劉秀手下的大將出身：吳漢是馬販、馮異是縣吏、王霸是獄吏、李通是商人、耿弇是官家子弟，還有南陽一同起義的自家賓客和綠林兵，複雜且多元，而劉秀必須用不一樣的方法收他們的心。相對之下，當時其他稱王、稱帝的，在這方面差劉秀實不可以道里計。

而收服銅馬更見劉秀「大度」的威力，當時河北民間甚至呼劉秀為「銅馬帝」，也就是說，銅馬本質上是老百姓（不是逐鹿群雄），那一招不只收了變民軍的心，也贏得變民軍家鄉百姓的向心。

4、驅狼趕虎——藉赤眉滅玄漢

即位稱帝後，天無二日，民無二王，劉秀的「漢」已經跟玄漢不共戴天，可是畢竟有過君臣名分，要興兵「犯上」，心裡總有點疙瘩。這時候，赤眉給了劉秀一個大好機會。

赤眉是莽末變民中最大一股，但其首領樊崇並不是有野心想要爭天下的角色，他在王莽死後，到洛陽向劉玄輸誠，可是劉玄不是塊料，令他失望而返。回去後卻發現，赤眉人眾包括家屬老幼人數已經膨脹到五、六十萬，超過他能力所能掌握，於是他將部眾分成兩支，自己帶領一支，徐宣、謝祿、楊音率領另一支。

由於赤眉軍缺乏中心思想，沒有共同目標，且成員基本上都是農民，對重複不停的戰鬥與刀頭舐血的日子感到厭倦，軍中瀰漫嚴重的思鄉病，日夜愁泣，想要回到東方齊地。樊崇與其他頭領商議，認為一旦回到東方，軍隊肯定一哄而散，各自回家，那樣大夥都將身陷險境，不如向西進攻長安。大軍有了目標，反而心意一致，兩路遠征軍分別穿過武關、陸渾關攻向長安。

劉秀研判形勢，認為玄漢軍隊已無戰力，赤眉必定攻破長安。於是決定兩路作戰：主力由他本人帶領，繼續掃蕩北方燕趙地區；同時派出特遣軍由鄧禹率領，配合赤眉西進，然後藉著赤眉破長安，順勢併吞關中。這一計叫做驅狼趕虎，鄧禹的進軍路線，目標全在保護赤眉的側翼——一旦赤眉滅了玄漢，劉秀就沒有被批評為犯上或叛變的顧慮了。

赤眉兩路遠征軍三十萬人在弘農會師，先痛擊玄漢討難將軍蘇茂，接著殲滅玄漢丞相李松的三萬餘「討逆軍」。鄧禹的軍隊則先擊斬玄漢大將軍樊參，又大破王匡、成丹與劉均的十餘萬大軍，完全掌握河東地區，使得赤眉得以毫無顧慮的進攻長安。

長安岌岌可危，玄漢淮陽王張卬（下江兵）眼看大勢已去，與原下江兵將領們商議：「赤眉軍隨時都會兵臨城下，滅亡就在眼前，與其一同陪葬，不如將長安大肆劫掠一番，逃回南陽家鄉。如果仍然活不下去，了不起再入江湖當土匪吧！」於是一同入見更始皇帝劉玄。

劉玄滿臉鐵青，不答腔。諸將當場不敢再提。

張卬等諸將退下後，陰謀藉立秋祭典時劫持劉玄，但事跡不密，被劉玄得到消息，先下手為強。張卬等突圍而出，再率眾殺進宮中，宮廷禁衛軍大敗。劉玄逃出長安，對出身綠林的王匡（新市兵）、陳牧（平林兵）、成丹（下江兵）都不信任，將他們通通召來誅殺。

綠林軍分裂，赤眉攻進長安，劉玄從廚城門逃走。遠在河南的劉秀下詔封劉玄為「淮陽王」，而赤眉擁立的「漢帝」劉盆子也下詔：「劉玄如果投降，封長沙王。超過二十天，就不再接受投降。」結果劉玄選擇向赤眉投降，但之後仍被殺害。

赤眉擁立的漢帝劉盆子，又是什麼來歷？

赤眉入關前，有人向樊崇提出建議：「將軍統領百萬大軍朝帝都進發，但卻沒有一個稱號。不如擁戴一位劉姓皇族，訴求大義（人心思漢，姓劉的當皇帝就是大義），以此號令天下，誰敢不從？」

於是樊崇在百萬大軍中找到與劉章（劉邦的孫子，深得齊地人民信仰，為他立廟）血緣最親的三人：劉茂、劉盆子，與劉孝，讓他們三個人抽籤。劉盆子年紀最小，卻抽中了。當時他十五歲，披頭散髮、光著雙腳、衣不蔽體、流汗赭色（身上很髒），看見平常耀武揚威的將領們竟然向他叩拜，嚇得幾乎哭出來。

「天命」就這樣落在一個牧童身上，他突然變成了皇帝。赤眉將領進了皇宮，卻完全沒規矩，甚至拿著刀劍在皇宮中衝來殺去，劉盆子害怕得日夜啼哭，一度請求退位。

赤眉將領一方面不同意皇帝退位，另一方面仍大肆劫掠，使得長安人心開始懷念玄漢政權。終於，長安城中糧食耗盡，赤眉軍滿載搶來的金銀財寶，縱火焚燒宮殿、民宅，做最後一次徹底的洗劫，長安城頓成廢墟，不見人蹤，赤眉軍則向西流竄。

等到赤眉鳥獸散去以後，鄧禹才將大軍開進長安城，進謁高廟（劉邦），再將西漢十一位皇帝的牌位收齊，送往洛陽——以示東漢才是「天命」。

赤眉出了長安，先向西攻擊隴右（今甘肅南部），被割據當地的隗囂痛擊，於是回頭攻向長安，鄧禹派兵迎擊卻敗陣，赤眉再進長安。鄧禹連番進攻長安卻都不利，劉秀派馮異為征西大將軍，替換鄧禹。

鄧禹認為這是奇恥大辱，自己引兵出擊，卻陷入赤眉埋伏，馮異只好出兵救援，但潰敗之勢擋不住，只能收拾殘部堅壁自守。

一個多月後，馮異再與赤眉決戰。這一次，馮異埋下伏兵，赤眉軍陣腳潰亂，馮異給予重擊，投降者男女共八萬人。劉秀以璽書慰勞馮異指出：「將軍之前雖然在回谿遭遇挫折，但是終於在澠池贏回來，稱得上是『失之東隅，收之桑榆』。我將論功行賞，以獎勵你的大功勞。」

赤眉的殘餘部隊向東潰逃，劉秀算準赤眉的竄逃路線，親率大軍在宜陽（今河南洛陽市內）嚴陣以待。赤眉敗眾忽然面對大軍，驚駭非常，不知該怎麼辦才好。最後公推劉恭為乞降代表，進見劉秀，說：「劉盆子率領百萬部眾向陛下投降，陛下將如何待他？」

劉秀說：「我保證不殺他。」

劉恭回去，與赤眉將領樊崇、逄安等商量了一天，再隔天，由劉盆子率領丞相百官三十餘人，袒露臂膀向劉秀投降，將傳國玉璽（劉玄得自王莽，赤眉得自劉玄）獻給劉秀。

次日，劉秀在洛水畔大閱兵，命劉盆子君臣在旁觀看。

劉秀對赤眉實質領袖樊崇說：「你們後不後悔投降啊！如果後悔也沒關係，我現在放你們回營，重新武裝，整理隊伍，雙方鳴鼓再戰，一決勝負，我絕不勉強你們投降。」赤眉聞言，拳拳服膺絕無二言。

下一個目標是齊王張步。

劉秀派耿弇率軍東征，耿弇擊斬駐守歷下（今山東濟南市）的齊國大將費邑，箭頭接著指向臨淄。當時張步的都城在劇縣（山東樂昌縣），他的弟弟張藍率精兵二萬人駐守西安（臨淄城西方），齊王張步任命的諸郡太守，統各郡變民軍萬餘人守臨淄。耿弇以迅雷不及掩耳的攻勢取下臨淄，張藍逃往劇縣跟張步會合。

耿弇猛攻劇縣，雖然得勝，自己卻被流矢射中大腿。劉秀當時駐軍魯城（山東曲阜），接獲戰報，親自領軍前往臨淄支援。耿弇聞訊，要求將領們全力進攻，自己裹傷上陣，從早上殺到黃昏，再度大破齊軍，溝渠塹壕都填滿了屍體。他更料中張步撤退路線，一路設下伏兵，追殺八、九十里，沿途屍體連接不斷，張步跟三個弟弟各自帶領人馬散走，最後分別投降。

數日後，劉秀抵達臨淄，親自勞軍，並在群臣大會上表揚耿弇：「（述說耿弇戰功可比擬韓信）……。將軍從前在南陽時，就曾提出平齊的大戰略，只因形勢變化而未能實施，因此難免落落不得志。如今能夠一展抱負，誠所謂有志者事竟成啊！」

【贊】

劉秀在這個階段的處境很辛苦，基本地盤得自己帶兵肅清（也發生了一些危機，枝節不贅），所以西征關中、東征齊國都只能派將領出征。可是在遠征軍戰事將順利告一段落時，他都親臨現場：赤眉是親自受降，齊國若非耿弇帶傷拚命攻城，可能也是由他「打贏最後一仗」——他敢於授權，但不讓在遠方立下大功的將領有機會「起異心」。

無論如何，傳國玉璽到了劉秀手中，那是「天命」的象徵，但卻不是天命的保證。

天命的保證是什麼？是英明的決策與領導統御。

對照劉秀如何對待王郎，跟如何對待劉盆子，看到劉秀如何分辨並對待野心家與被逼造反的農民。對照劉秀如何對待銅馬與赤眉，我們幾乎可以「感覺」到那兩股變民的不同氣質：前者是在地盜匪，成員單純，示之以誠應該可以收服其心；赤眉是人數眾多的流寇，劉秀不能只帶少數隨從巡視他們的軍營，不可測的變數太多了。相同的是，劉秀需要這些會打仗的農民土匪幫他打天下，所以劉秀展現了之前未有的江湖豪氣：「不服氣，咱們再打一場？」

有意思的是，他怎麼決定如何對待不同的投降對手？那不是書上學得到的（不饒王郎，但不殺劉盆子、張步），他也不像劉邦有張良會對他講黃石公兵法，鄧禹、馮異、耿弇乃至下一章的吳漢、蓋延都是武將，而非張良、陳平、酈食其那類角色，劉秀更有能力「遙控」遠征軍，不讓耿弇發生「韓信自請為假齊王」那種尷尬場面。如果劉邦是「天授」，那劉秀呢？

5、一統天下——既得隴，復望蜀

前章述及劉秀得到傳國玉璽，在那之後不久，劉秀又得到一顆。

劉秀手下一員將領張豐盤據涿郡（今河北涿州市）叛變，自稱「無上大將軍」。他素好方術，一位方士跟他說「將軍命中注定要當皇帝」，並且用五色絲袋包裹一塊石頭，綁在張豐手腕上，聲稱「石頭裡有一方玉璽」。

張豐對此深信不疑。

劉秀派出四路軍隊討伐，率先抵達的一路輕易生擒張豐。

當要被綁赴刑場斬首時，張豐仍然口口聲聲堅持：「我有天命加持，王者不死，你們殺不了我的。」

兵士們扯下包著「玉璽」的絲袋，拿出石頭，用鐵鎚砸碎，裡面什麼也沒有。張豐這才醒悟，仰天長嘆：「我該死，死而無憾！」

【贊】

怎麼可能無憾？被騙了那麼久，更落到這步田地。張豐那句「死而無憾」，其實是夢想破滅，哀莫大於心死之言。這個大時代裡的小插曲，再次印證「天命不在玉璽」。

東方大勢底定，劉秀再把目光轉向西方。

在此之前，他跟據守隴右的隗囂保持書信暢通。王莽末年，隴右豪族隗氏興兵起義，趕走地方官吏，擁護族中聲望最高的隗囂為首領，稱號是「大將軍」。隗囂一度向玄漢政權輸誠，後來又跟劉秀交好，基本上以維護隴右地盤為主。（註：隴右的中心在涼州，大致上包括今天甘肅南部蘭州、天水一帶，歷史上與關中地區關係緊密。）

隗囂當時夾在兩位皇帝中間，南邊是成都的公孫述，據有益州；東邊是洛陽的劉秀，已經掌控關中、河南河北、齊地。他派出首席高參馬援先去成都「觀察」。

馬援跟公孫述小時候是鄰居，聽說馬援來了，公孫述大陣仗歡迎，要封馬援為侯，還要拜他為大將軍。馬援隨行的賓客都暗中高興，但馬援對他們說：「天下未定，公孫述不但不禮賢下士，還擺出皇帝的架子，如同一個巨大人偶，這種人何足倚靠？」回到涼州，對隗囂說：「公孫述是個井底蛙，不如專心事奉東方（劉秀）。」於是，隗囂再派馬援「往觀」劉秀。

劉秀完全不擺架子，在洛陽宣德殿南邊的走廊下接見馬援，頭上包了幘巾（儒士裝束，不戴皇冠），坐在席上等候，笑著說：「閣下遨遊二帝之間，今日相見，令人慚愧。」

馬援回應：「當今之世，非但君主選擇臣子，臣子也選擇君主。之前我去成都，公孫述戒備森嚴，如今我來見陛下，陛下怎知我不是刺客（而無防備）呢？」

劉秀說：「你不是刺客，最多不過是說客吧！」

【觇】

劉秀慚愧什麼？其實那是以退為進的客套話。他得知馬援已去過成都，而且公孫述肯封馬援為侯，但是劉秀不能答應這個——馬援是隗囂的部屬，封馬援為侯，隗囂當然得封王，可是劉秀謹記劉邦的教訓，絕對不封異姓為王。所以一方面刻意做出與公孫述截然相反的風格接待馬援，口頭上不能不為禮數上的「寒酸」客氣一下。

平心而論，馬援稱得上是莽末逐鹿大賽中的超級英雄人物之一，只是沒有稱王、稱帝的機運（天命）而已。這一場會面，堪稱當世兩大高手過招。

馬援見劉秀更有一個特別意義，「亂世不唯君擇臣，臣亦擇君」點出了劉秀最終得天命的關鍵：人才歸心。事實上，「雲台二十八將」中有九人曾經在劉秀的敵人陣營，而劉秀每一次都能展現不同的人格特質令他們服氣。

馬援回到涼州，隗囂問：「東方（劉秀）怎麼樣？」

馬援說：「劉秀度量寬宏，是個人物。」

隗囂問：「你如此推崇他，那他跟高祖（劉邦）相比如何？」

馬援說：「高祖『無可無不可』，劉秀勤於政事，行為有節度，不喜歡飲酒。」

隗囂心裡吃味，說：「那豈不是還勝過高祖？」

雖然隗囂因此在公孫述與劉秀之間，暫時選擇傾向劉秀，但他內心其實不服，所以當劉秀矛頭轉向西邊，他就轉與公孫述結盟，抵抗劉秀。而他的兩位高參乃因此離開：班彪

（《漢書》作者）投向竇融，馬援投向劉秀。竇融的地盤在河西四郡，立場傾向劉秀。

隗囂接受公孫述的冊封，劉秀於是在平撫齊地後，派出二員大將來歙、吳漢進兵隴右。西征軍大有斬獲，劉秀估計隗囂已師老兵疲，乃親率大軍前往關中，河西的竇融也率軍前來會合。隗囂手下大將十三人、屬縣十六個、部隊十餘萬，陸續倒戈。但就在勝利即將到手之際，後方卻發生巨變：潁川盜賊聚眾造反，河東軍隊叛變，二地距洛陽各只有百餘公里，首都洛陽受到嚴重威脅。

劉秀接到報告，連夜東返，來不及當面交代，只能以書信訓示諸將：「如果攻下兩城（隗囂只剩下上邽與西城），就乘勢南向進攻公孫述。人，總是不能以現狀為滿足，既然平定隴地，自然會望向蜀地。每次決定要出兵，髮鬢都為之發白！」

【原典精華】

帝自上邽晨夜東馳，賜岑彭等書曰：「兩城若下，便可將兵南擊蜀虜。人苦不知足，既平隴，復望蜀。每一發兵，頭須為白！」

——《資治通鑑．漢紀三十四》

【覘】

後方情況不明，如果洛陽陷入危急，隴右大軍將領一個比一個善戰，反應難測。劉秀這次不能親自接受隗囂投降，只好下令將領們南征，讓大軍繼續忙碌。然而軍隊都是中原人，剛打完一場大戰，又要他們繼續遠征，只能放低姿態好話說盡。

隗囂在一連串敗戰之餘，一病不起，將領們擁立他的小兒子隗純，繼續抵抗，但終究難挽頹勢，最終將領們「獻出」隗純，隴右平定後，漢軍乘勝南下征蜀。

公孫述割據蜀地，其實是因緣際會全靠運氣，當赤眉滅了玄漢後，公孫述順勢稱帝。他雖然沒有統一天下的本事，但既然稱帝了，就百般想出點子，「證明」他的確有皇帝命。

首先，他在手掌上刻文「公孫帝」。然而，人的掌紋是無法改變的。可以用刀割、用火烙，但只會留下傷痕，或許毀掉了原本的紋路，卻不能創造新的紋路。因此，歷史上並無記載公孫述向他人出示掌紋上的「天命」，顯然這一招未能收效。之後他對外宣稱，他就是「當塗高」。這是有來歷的，西漢時期流行各種符命、圖讖，其中〈春秋讖〉上有一句「代漢者，當塗高也」，於是人們言之鑿鑿，將來取代漢朝的真命天子，就是「當塗高」。

公孫述甚至寫信給劉秀，自陳他上應符命。

劉秀回信，說：「圖讖上面說取代漢朝的人，姓當塗名高，閣下難道是當塗高的化身？閣下還將你的詭異掌紋當作祥瑞，這些都是王莽搞過的把戲，又怎能仿效呢？閣下年歲已大，妻兒卻還小，應該早點為他們打算啊！天子之位是上天應許，不可強求的，請閣下三思而行。」

面對東漢大軍壓境，公孫述的軍隊無法抵抗，只能買刺客行凶，接連暗殺了東漢兩員大將來歙與岑彭。但那也只能稍擋一時，最終吳漢攻進成都，下令屠殺公孫述家族，長幼不留。更縱兵擄掠成都，焚燬宮殿。

劉秀聞報大怒，痛責吳漢。但無論如何，劉秀的統一大業算是完成了。

【贊】

到這裡，我們看到一個與時俱進的劉秀，他總是在關鍵時刻讓人耳目一新：

南陽起義時，我們看到一個不一樣的劉秀，之前安分守己，讀書、務農、賣穀子；起義時卻率先穿上戎裝。

昆陽之戰時又看到一個不一樣的劉秀，遇大敵毫無懼色，能說服昆陽城內將領堅守，又能率十三騎突圍求援，更能說服周邊城邑綠林將領往援昆陽，最後還親自率領敢死隊打第一仗、立第一功。

劉縯被殺，看到一個立大功而無驕色，老哥被殺卻能堅此百忍、不露聲色的劉秀，終於爭取到劉玄的放心，才有機會到河北去打天下。

河北時代又是一個不一樣的劉秀，敢賭、敢博（命邯鄲將軍來見、渡過滹沱河、輕騎巡視銅馬陣營等），而且胸襟開闊令人折服（令反側子自安）。

稱帝以後又看到一個不一樣的劉秀，排定四方征剿的優先順序，用適合的將領討伐不同的對手，遙控他們的戰術，並且掌握時機親臨戰場受降。

平定隗囂、公孫述，是一統天下的最後一塊拼圖，他用直白的口吻對諸將說：「人心苦不足，既得隴，復望蜀。」親切有如家人。

下一章，又要看到一個不一樣的劉秀，他建立了東漢的治國之道，他的兒子、孫子（明章之治）都遵循他訂的制度規矩，東漢連續三位好皇帝，奠定了近二百年的「天命」。

6、光武中興——因襲西漢，以柔道治天下

平蜀後，天下大定，只殘餘一些小股變民，這時候該做的，不是征剿，而是與民生息。於是劉秀「不再言戰，退功臣而進文吏……斯亦止戈之武焉」（出自《後漢書》），他進用文士的代表人物是侯霸。

侯霸在西漢成帝時就已經入官，王莽時出任淮平大尹（太守），能在亂世保境安民，深受淮平郡（郡治徐調縣在今江蘇泗洪縣）人民愛戴。玄漢政權徵召他到長安，淮平百姓扶老攜幼攔車痛哭，請求讓侯霸多待一年，使者顧慮眾意難違，不敢宣讀詔書，將情況回報長安，恰逢赤眉打進關中，道路阻絕，奏章沒能送出去。

劉秀聞侯霸之名，召他到洛陽面見，侯霸去了（淮平百姓這次沒阻攔，是認同劉秀？），受命為尚書令。侯霸對劉秀最大的貢獻，就是他通曉西漢的典章制度，並且收錄散失的官文書，將西漢時的善政法度恢復實施。

簡單說，當時人民逢大亂之後，最渴望的就是安居樂業，所以會有「黃牛白腹，五銖當復」的歌謠，劉秀部隊「復見漢官威儀」能令老吏為之涕下——認為是王者之師。而侯霸這種熟知「前朝故事」的人才，正是當時所需要，卻也因此讓劉秀得到一個「因襲前代過甚，開拓不足」的評語。但那是苛求劉秀了——當天下人心思漢，而劉秀事實上受益於人心思漢，他又怎能以改革者或開拓者姿態出現？

正因為一切都盡量恢復前朝故事，劉秀建立的王朝被稱為後漢或東漢（因為定都洛陽），且兩漢被史學家定位為同一個帝國，劉秀的成功於是被稱為「光武中興」，中興的意思是漢朝亡了又興。

東漢能夠承襲西漢而建立「天命」，劉秀的性格其實有決定性的影響：他凡事不勉強而行，溫和待人，施政以恢復民生為第一要務，法令力求清簡。這對當時農村破敗、生產力劇降、文官體制亟待重建的情況來說，剛好符合需要。光武帝時，田賦恢復到西漢文帝時的三十分之一（西漢後期及王莽時為十分之一），各地方政府的文書調役較王莽時僅十分之一，全國裁併掉四百多個縣，大批閒置官吏被遣散，同時在各地設立糧倉，累積糧食，民眾對政府的信心一下子提升到最高點。

有一次，光武帝回到家鄉章陵（原名舂陵），家族中一些女性長輩酒酣時說：「文叔

（劉秀字）少年時謹慎小心，不大跟人家交朋友，個性柔弱，沒想到會有今天。」劉秀大笑，說：「吾理天下，亦欲以柔道行之。」就是這種「柔道」，塑造了東漢王朝的性格——東漢有「明章之治」，與西漢「文景之治」相提並論，但沒有漢武帝那樣的雄霸之主。

然而，柔道並不是一味的柔弱，東漢幾乎沒有邊患，卻有竇固勒石燕然山、班超揚威西域等開疆拓土事跡，原因就在匈奴分裂。事實上，匈奴被漢武帝幾次北伐之後，國力大衰，到漢宣帝時分裂為南北匈奴，南匈奴內附（王昭君和親）成為第一道防線，北匈奴最多只有攻打南匈奴或西域藩屬國。王莽時搞壞了跟南匈奴的關係，但是在東漢時代，北匈奴幾乎不曾侵入國境。這是東漢的運氣，還是……「天命」？

致力於承襲前朝的「惡果」則是，西漢的土地兼併、財富集中於豪強現象，到東漢依然出現，東漢後期甚至變本加厲。

【贊】

光武中興對後世中國最壞的影響，應該是「人心思漢因此成立」。

在此之前，當劉玄失敗時，曾經流傳「一姓不再興」的說法，隗囂並曾企圖以之說服竇融站到他同一陣線，可是隗囂帳下的文士、參謀後來都棄他而去（馬援投向劉秀，班彪投向竇融），那其實是因為劉秀比隗囂高明、優秀太多，但是劉秀個人的成功，卻造成後世中國之害：多少惡貫滿盈應該被顛覆的王朝，卻因執著於「不棄前朝」或「天命未絕」的觀念而苟延殘喘，甚至因此造成新的（通常比較有朝氣）王朝的動亂，如清朝初年的「反清復明」思想。

這一點，看《資治通鑑》東漢光武帝建元二十九年（西元五十三年），只有一條記載：春二月丁巳朔（朔在此處指月底），日有蝕之。這代表什麼意思？意思是全年只有一次日蝕值得記載——試想那一年的老百姓生活多麼安定！然後對比清康熙三藩之亂那些年代的記載（清朝無編年史，《清史紀事本末》光是記載三藩之亂部分，就有一年超過五千字），就能明白了。

〔卷三〕

宦官後人終不得天命

——三國魏武帝曹操

「若天命在吾，吾為周文王矣！」

曹操的武帝稱號是兒子曹丕接受漢獻帝禪讓（「篡位」的漂亮包裝）後追贈，事實上曹操終其一生沒有稱帝。而曹丕雖然篡漢立魏，可是也沒有被歷史接受為正統，因為魏國沒能完成天下一統。直到司馬炎篡魏立晉（也是用「禪讓」包裝），才完成了天下一統，且由於東西晉合起來綿祚一五五年，才被認同「晉朝有天命」。

然而，從東漢末年軍閥割據到晉武帝統一全國，整個基礎是曹操奠定的。曹丕、司馬懿、司馬炎等都稱不上創業君王，而曹操的能力與作為絕不亞於任何一位開國帝王，他最終不得天命的原因與鬥爭過程更值得覘探，並成為本書其他主人翁的「對照組」。

先看曹操的時代背景。

東漢王朝承襲西漢制度，開創性不足是它的先天缺陷，因此在開國三位明君之後，就陷入了外戚與宦官干政的劣質施政狀態。事實上，東漢中期以後，政治上形成三大勢力：外戚、宦官、士人。

起初是小皇帝由母后臨朝聽政，太后引進娘家兄弟以對抗外朝官僚系統（士人）。等到小皇帝長大了，不甘接受舅舅弄權，只能跟宦官聯合消滅外戚，於是外戚與宦官集團進行了長時期的權力鬥爭，而宦官集團贏得勝利幾乎是注定的：因為皇帝一旦換人，太后就跟著換，外戚則隨太后而換姓，甚至新上來的還要排除之前掌權的外戚；但宦官永遠在內宮，他們的利益不隨皇帝換人而變，所以能始終團結。以一貫團結的利益團體對付更迭、矛盾、分裂的外戚，怎麼可能不贏？

東漢雖然因為外戚與宦官干政，造成中央劣質施政，卻並未立即垮台，是因為地方官都很優秀。這是西漢察舉制度的優良影響，士人先到朝廷任郎官，表現好就外放當縣令，再入朝擔任京官，再外放當郡太守、刺史、州牧。於是士人形成了一股力量，並為外戚與宦官所拉攏，更由於「讀聖賢書，所學何事」的使命感，士人往往站在當權者的對立一方，自然成為被迫害的對象。

東漢後期發生兩次「黨錮之禍」，士人集團被打成「朋黨」，代表性人物則是三組「李杜」：李固／杜喬（反外戚）、李膺／杜密（反宦官）、李雲／杜眾（反宦官），士人集團後來甚至成為了反對宦官的主力，而宦官對朋黨的鎮壓則血腥且慘烈，雙方不共戴天。

宦官集團當時有所謂十常侍（其實不只十人），也就是漢靈帝最親信且言聽計從的大宦官，靈帝甚至說出：「張常侍（張讓）是我父，趙常侍（趙忠）是我母。」十常侍之一的曹騰，侍奉過東漢最後五位皇帝，史書記載「在省闥（禁中）三十餘年未嘗有過」、「好進達賢能，終無所毀傷」，稱得上是一個「好宦官」。他收了一個義子曹嵩，曹嵩因為曹騰的關係，花了一億錢買官，當上三公之一的太尉。

曹操就是曹嵩的兒子。曹嵩在成為曹騰義子之前已經官居司隸校尉，漢靈帝時的司隸校尉等同京城洛陽的警備司令和民政長官，權力很大，成為曹騰義子之後更加飛黃騰達。也就是說，曹操是洛陽京城裡的官二代，他爸爸是太尉，位列三公，所以沒人敢欺負他。可是他的乾爺爺是十常侍之一，而其他官二代多半是士族子弟，士人集團跟宦官不共戴天，所以曹操在官二代中是被歧視的。——雖然表面上沒有人會排擠曹操，可是心裡面多數人都排斥他，而曹操自己也以這個身世為恥，甚至他一輩子都在跟「宦官後人」的身世鬥爭。

【覡】

曹嵩如果沒有讓曹騰收為義子，是否一輩子做不到三公，是一個疑問。然而，曹操將不會一輩子受「宦官後人」陰影壓抑。

曹操後來當了丞相，還自述說「身世微賤」，顯然他非常痛恨自己的身世。拿跟他同時期的袁紹、劉表、劉焉來比較，就知道箇中的「立足點不平等」了：袁紹畢竟還算是能力強的，劉表、劉焉能力遠不如曹操，可是他們都很輕鬆的在當時環境下成為州牧或刺史，而曹操卻必須奮戰以取得地盤，根本原因就在於各州郡守縣令都是士人，很願意接受袁紹、劉表、劉焉這種高門世家的領導，但是絕不甘願接受宦官後代的領導，除非形勢所迫。

總之，曹操在奮鬥過程中，花了最大力量在對抗世家大族，從他的「求賢三詔令」可見端倪。

第一次說：「今天下得無有被褐懷玉而釣於渭濱者（指姜太公）乎？又得無盜嫂受金而未遇無知者（指陳平）乎？」

第二次說：「陳平豈篤行，蘇秦豈守信邪？而陳平定漢業，蘇秦濟弱燕。由此言之，士有偏短，庸可廢乎！」

第三次說：「昔伊摯、傅說出於賤人（伊尹相傳是奴隸母親在林中撿到的棄嬰，傳說是版築奴隸工人），……韓信（曾受胯下之辱）、陳平負汙辱之名，有見笑之恥，卒能成就王業，……今天下得無有至德之人放在民間，……負汙辱之名，見笑之行；或不仁不孝，而有治國用兵之術。……」

三次都提到陳平，陳平一直是曹操招徠有才無德之士的廣告人物；又提到姜太公、伊尹、傅說等出身低微人士，以及蘇秦等布衣而為卿相的代表性人物，顯示他重用寒門士人，以之平衡高門士人的努力。這也印證他的「四如」（求才如渴，惜才如命，揮金如土，殺人如麻）作風中，有二項跟爭取人才有關，而另外「二如」則顯示他為了爭取成功必須不擇手段。

總的說來，東漢末年是一個群雄割據、干戈紛乘的亂世，曹操能夠擊敗北方所有逐鹿群雄，在超過兩百年的戰亂時代（從東漢末年諸侯割據到三國，西晉八王之亂到五胡亂華，直到北魏統一北方）中間，成就一個建安盛世，事實上是一項了不起的成就。而他本人更集政治家、軍事家、文學家於一身，還精通書法、音樂、圍棋、方藥，稱得上是一位多才多藝的全才。

如此精彩的一個人，會被史家與小說家（《三國演義》）描繪成一個古今奸臣的代表人物，跟他的宦官後人出身絕對脫不了關係，因為儒家知識分子掌握了修史權，而宦官集團在每一個朝代都是士人集團的死敵。

曹操不能建立「天命」，也有運氣作弄：他的對手太優秀。孫權和劉備都很會用人，那個時代又出了很多人才，足供三個王國運用，還加上孫權與劉備能夠放下唯我獨尊身段（至少在初期），採納「聯合抗曹」的戰略建議，才形成了中國歷史上獨一無二的三國鼎立

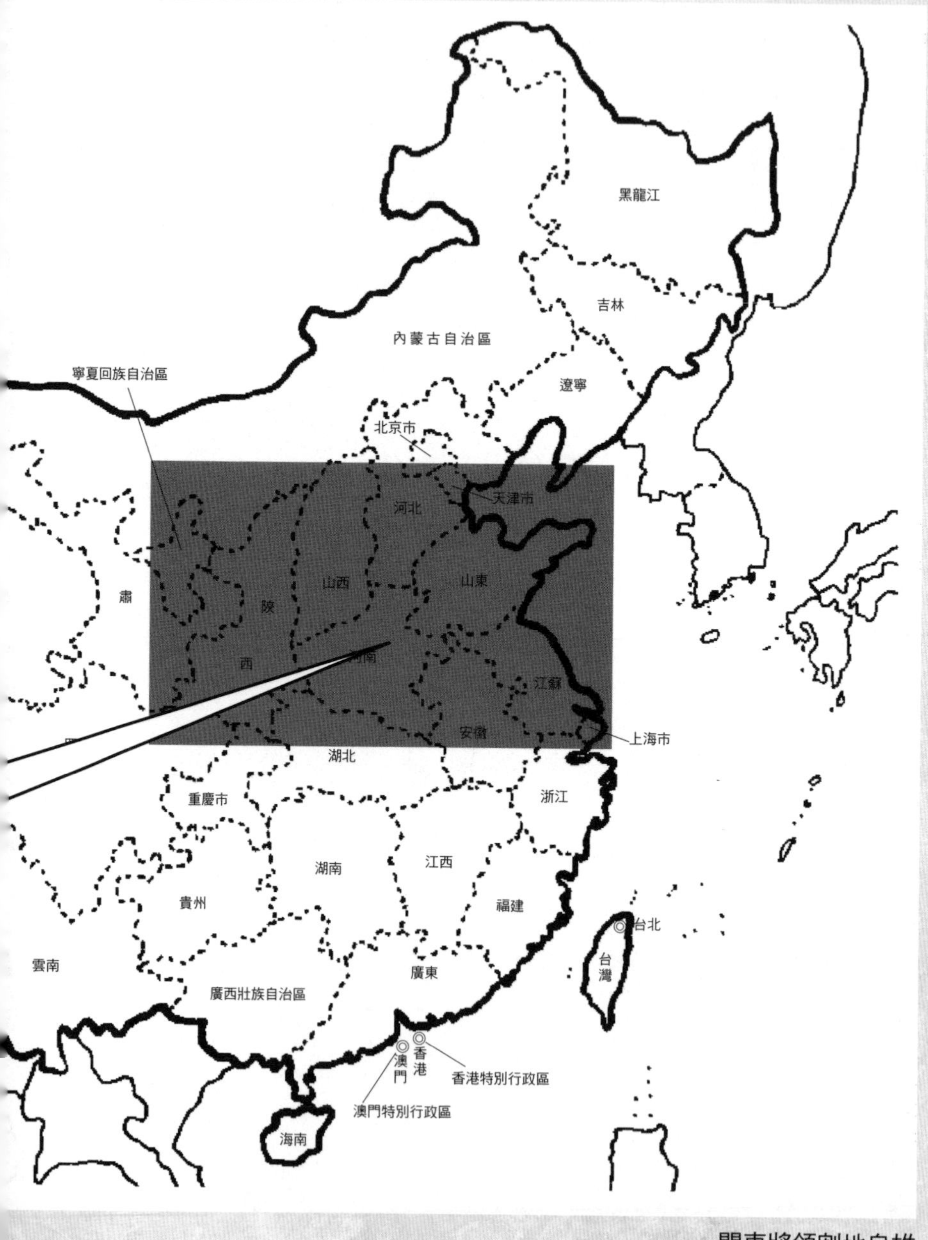
黑龍江
吉林
內蒙古自治區
遼寧
寧夏回族自治區
北京市
天津市
河北
山西
山東
肅
陝
西
江蘇
安徽
上海市
湖北
重慶市
浙江
湖南
江西
貴州
福建
台北
台灣
雲南
廣東
廣西壯族自治區
澳門
香港
香港特別行政區
澳門特別行政區
海南

關東將領割地自雄

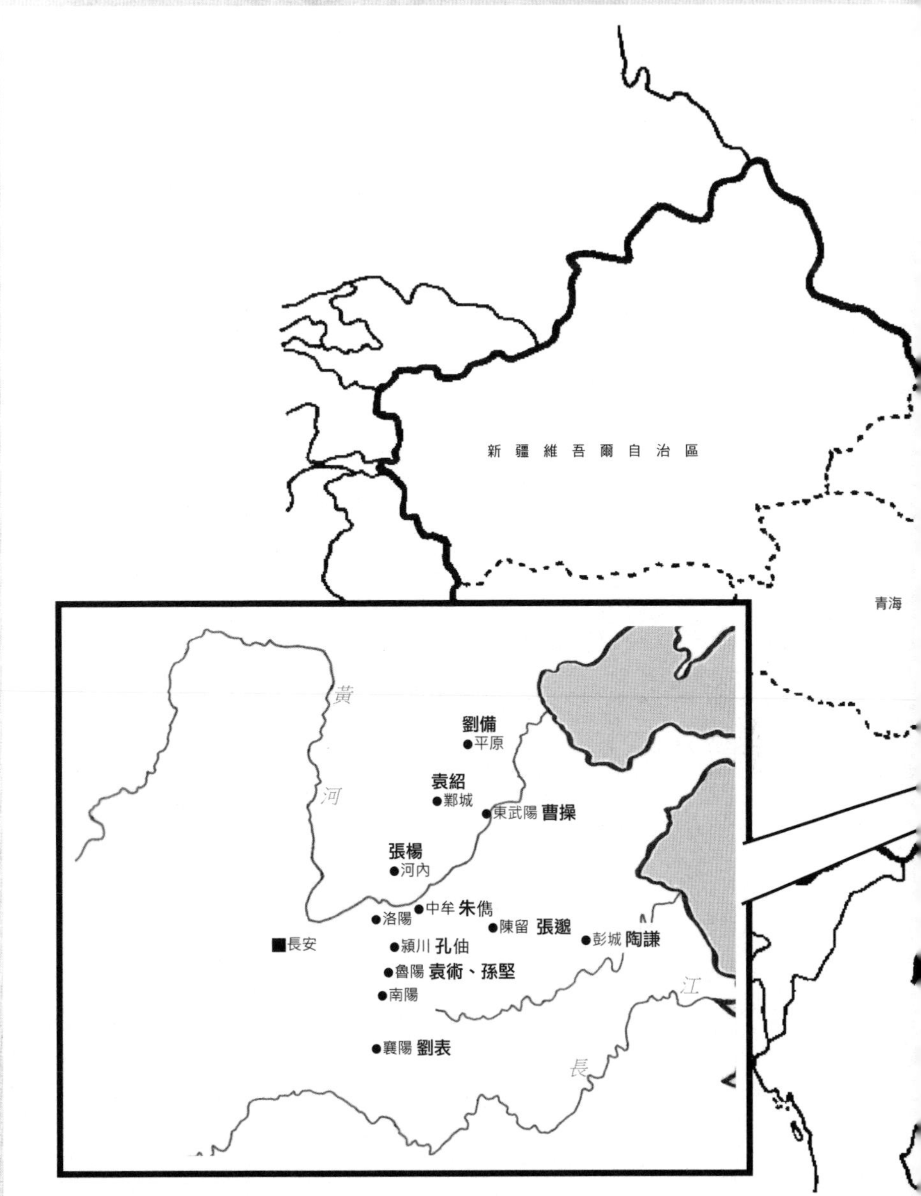
新疆維吾爾自治區
青海
黃
河
劉備
平原
袁紹
鄴城
東武陽 曹操
張楊
河內
洛陽
中牟 朱儁
陳留 張邈
彭城 陶謙
長安
潁川 孔伷
魯陽 袁術、孫堅
南陽
江
襄陽 劉表
長

時代——相較於後來五胡亂華時代的苻堅，或五代十國的朱溫、石敬塘等，根本「沒有對手」，就明白曹操的運氣有多不好。

再拿後來篡魏的晉武帝司馬炎比較就更明顯：司馬炎的對手爛到不行——劉禪（阿斗）之低能，史上數一數二；孫皓之殘暴，也是數一數二。因此，司馬炎能夠滅蜀、滅吳。而西晉事實上是最爛的朝代，只維持了五十一年，全靠東晉在南方撐了一百年，而漢人儒家學者掌握了撰史權，以南方為正朔，歷史才認可了晉朝的「天命」。

1、千古定論——治世之能臣，亂世之奸雄

曹操二十歲「舉孝廉，為郎」，一個有才學的官二代受到郡縣推舉去朝廷當見習官很正常，到了洛陽就被任命為洛陽北部尉，相當於首都的北區警察局長，管半個洛陽城的治安。上任後，在衙門口陳放數十根五色大棒，宣布「任何人犯禁，不論背景多硬，一律棒殺之」。偏就有一個背景很硬的人，十常侍之一蹇碩的叔父，他犯了持刀夜行的禁令，曹操毫不留情的將他棒殺！

【贊】

二十歲的曹操已經很懂宣傳，五色大棒能吸引人注意，棒殺權貴親戚更能建

立威信。他的方法其實就是商鞅「徙木賞金」模式，只是商鞅用賞，曹操用刑，但作用一樣：立信以樹威。而對象剛好是當權宦官的親戚，則有助於曹操脫卸他「宦官子弟」的不良形象。當然，有個十常侍的「祖父」，又能讓他免於被宦官幫追殺。

然後他外放當頓丘（今河南清豐縣）縣令，因事被牽連而免官，很快又回到洛陽擔任議郎。議郎是顧問職散官，可是曹操沒閒著，曾上書切諫「三公所舉奏皆迴避貴戚之意」，嚴詞批評朝廷內官官相護風氣，可是當時東漢政府已經沒有回應任何改革意見的能力，曹操也就不再上書。

曹操雖然受到士族的排斥，但是有兩個人很欣賞他，一個是橋玄（不是《三國演義》中二喬的父親那個喬玄），他在漢靈帝時，司空、司徒、太尉三公都當過了；另一個是何顒，他受過宦官迫害，在士人社群當中聲望很高。

橋玄非常器重曹操，曾經對曹操說：「天下將亂，必須有安邦定國才能的人出來救世，那個人莫非就是你了！」他更幫曹操想了一個辦法，以爭取士族的認同——讓許劭「品」一下曹操。

許劭何許人也？他是當時的「品人」專家，跟堂哥許靖兩人，每個月初一發表對時人的品評，稱為「月旦評」，能夠得到他的好評，立即身價百倍。橋玄認為，曹操若得到了許劭的品評，就能躋身士人社會。但問題來了，許劭不齒曹操是宦官後人，不願見曹操。

許劭家族中有一支，從叔祖許敬、堂伯許訓、堂兄許相三代都位列三公，可是許劭從來不去應酬，這樣一個人，不願接見曹操可以理解。於是橋玄寫了一封介紹信，讓曹操帶著去拜訪許劭。許劭礙於橋玄的面子，只好出來跟曹操見面，可是卻坐著不說話，擺明了仍然不願意品評曹操。

曹操急了，拔出劍來威脅許劭，許劭被逼之下，說出：「你這個人是『治世之能臣，亂世之奸雄』。」曹操聞言大笑而去。

【觇】

曹操當時的心情從「聞言大笑」可窺一二。

許劭做為當時士人社群中的標竿人物，官二代而能不求官，以此博得士人認同他品評人物公允性，他又跟被宦官迫害而死的陳蕃、李膺曾經是好朋友，屬於那種死硬派的自命清高人物。當他靜坐不肯發一語，曹操能怎樣？

曹操拔劍相脅迫，不啻鋌而走險，如果許劭和李膺、范滂等跟宦官鬥爭時慷慨赴義的「先烈」一樣不怕死，曹操難道真的殺他？如果是那個結果，曹操不就坐實自己是宦官一黨，永遠別想翻身了？

所以，當許劭一開口，曹操先就放心一半——沒有要不要真動武的問題了；等到許劭說出「治世之能臣，亂世之奸雄」，另外一半擔心也放下了，因為評語不是全然否定，甚至是肯定他的能力稱得上「雄」。他的大笑，包含了緊繃情緒的解脫，和因為高評價而得意，或許還有「許劭還是怕死」的輕蔑——那種輕蔑表現在後來他對待士人的態度。

而對曹操的這兩句評語，令人不得不欽佩許劭的品人功力：直到今天，將近兩千年，還沒有其他人對曹操的評語能超過這兩句——它能概括曹操的複雜性格、多變作風，以及超絕能力，而且還是在性命交關之下「逼」出來的。

橋玄說「天下將亂」，許劭說曹操是「亂世奸雄」，而天下果然就亂了——黃巾之亂爆發。曹操得到他生平第一個重要任務，朝廷任命他為騎都尉（羽林軍將領職銜，跟郡太守等秩），參加討伐黃巾的行動，並且在戰爭中救了主帥皇甫嵩，官軍因此反敗為勝，這個功勞讓朝廷派他為濟北相（東漢承襲西漢制度郡國並行，濟北國的相等同郡太守）。

曹操治理濟北國展現了他治世能臣的一面，轄下十餘個縣的縣令被他奏免了八位，因為他們「阿附貴戚，贓污狼藉」，於是郡界肅然。如此政績使得他獲得升遷，調他擔任東郡（郡治在今河南濮陽市）太守，可是，曹操卻沒去上任，反而「稱疾歸鄉里」！

發生了什麼事？原來，他的父親曹嵩當時以一億錢買了太尉的官。東漢桓帝、靈帝賣官是公開的，甚至還有公定價格，但三公的官位只能透過十常侍才買得到，曹嵩因為是曹騰的養子而能買到。無論如何，這在士人社群中肯定罵聲一片，曹操不願在這個節骨眼上就任新職，寧願回家鄉避風頭。

治世能臣的路暫時阻絕，而天下卻進一步大亂。

冀州（州治在今河北臨漳縣）刺史王芬為首的集團陰謀劫持漢靈帝，另立新皇帝（以為這樣可以盡除十常侍），聯絡曹操參加，曹操拒絕，還教訓了他們一頓。結果事機敗露，王芬自殺。

靈帝駕崩，太子劉辯即位，小皇帝才十四歲，母親何太后臨朝，袁紹鼓動外戚大將軍何進盡殺宦官，何進沒膽量，乃徵召西涼軍閥董卓來洛陽。曹操當時再度接受徵召到洛陽，跟袁紹同為八都尉之一，他在參加會議時譏笑袁紹等：「要誅殺宦官，何必招外地軍隊來京，這種作法必敗。」結果董卓還沒到，何進就被宦官殺了。

袁紹等為何進報仇，殺進宮中，盡誅宦官，可是董卓大軍到來，廢劉辯，另立劉協（漢獻帝），獨攬大權。袁紹公開反抗董卓，逃出洛陽，四處號召各路諸侯討伐董卓。董卓想要拉攏曹操，擢升曹操為驍騎校尉，曹操卻變更服裝、改名換姓潛出洛陽，逃回家鄉。

以上簡單描述東漢朝廷最後分崩離析的幾個場景，曹操一拒王芬，二拒袁紹，三拒董卓，都是看清楚他們不可能成事。於是，亂世奸雄的性格開始主導往後的發展。

奔回家鄉途中，在老朋友呂伯奢家中演出了一場「滅門凶殺案」，流傳下來兩句千古名言：「寧教我負天下人，休教天下人負我。」這個故事大家耳熟能詳，歷史上卻有很多不同版本的記載，但由於《三國演義》深植人心，曹操於是被定型為「多疑且心狠手辣」。但無論如何，殺了老友全家是事實，以此亦可見曹操臨事決斷的快速，這種特質可能因判斷錯誤而挫折，卻不可能因為決策遲疑而誤事。

董卓專權且殘暴，引致各地方官（州牧、刺史、太守）聯合起兵討伐，一時間，士人搖身一變成了軍閥。曹操沒有地盤，卻不能坐失此一機會，他散盡家財，招募義軍參與討董卓行動。

董卓見形勢不妙，先將漢獻帝送往長安，自己留守洛陽，焚燒宮殿，發掘皇家陵墓，更誅殺民間富豪，沒收他們的財產。十幾萬諸侯軍當時聚集在酸棗（今河南延津縣），日日置酒高會，就是沒人敢出戰。曹操帶領自己的人馬挺進成皋，遭遇董卓將領徐榮，被殺得大敗，本人中流矢，坐騎受創，幸虧曹洪將馬匹讓給他騎，藉夜色掩護遁走。

曹操回到酸棗，痛責各路諸侯，提出自己的致勝戰略。可是諸侯都是士族，本來就看不起他，曹操只好到揚州募兵，再回前線。可是，這時諸侯軍發生內訌，相互攻擊，雖然董卓往西撤退回關中，但諸侯卻無心追擊，聯軍解散，各自回到地盤。東漢帝國於是進入群雄割據狀態，軍閥間開始相互攻伐搶地盤。

【覘】

酸棗聯軍散夥之前，袁紹曾經問曹操：「如果大事不成，哪裡可以依據？」曹操不正面回答：「閣下認為呢？」袁紹說：「我南邊據守黃河，北邊據守燕代（河北北部），南向以爭天下，應該可以成事。」曹操說：「我任用天下（英雄）之智力，只要我領導有方，哪裡都可以去。」

這段對話正凸顯了兩人的優勢與劣勢：袁紹家族四世都擔任三公，門生故吏遍天下，他有條件可以得到地方官支持取得地盤；而曹操能夠放下身段，贏得天下寒士的歸心，但是得憑實力打下地盤。

曹操的地盤都來自地方官守不住：黃巾餘眾攻打東郡，太守王肱無法抵禦，曹操帶兵前往，擊破賊眾，於是袁紹虛送人情，上表推薦曹操為東郡太守。事實上，傀儡皇帝漢獻帝在長安根本不可能任命山東地方官，而曹操實質上據有東郡——當初沒去上任的位置。接著是兗州（郡治在今山東金鄉縣），百萬黃巾餘眾攻打兗州，刺史劉岱陣亡，濟北相鮑信到東郡請曹操代理兗州牧，曹操領東郡軍隊前往兗州協防，然後大破黃巾，受降三十餘萬青壯且慣戰的軍隊，這支黃巾最初起自青州（州治在今山東青州市），因此稱為青州兵。

自此，曹操有了逐鹿天下的本錢（青州兵）和地盤（兗州）。

2、睥睨群雄——挾天子以令諸侯

亂世逐鹿最重要條件是軍隊，軍隊要糧餉，所以需要有地盤徵稅徵糧。曹操有地盤有軍隊，他的「亂世奸雄」特質自然驅使他爭勝天下。

最先向他提出大戰略的是毛玠。

毛玠年輕時擔任縣吏，以為官清正著稱，董卓之亂他前往荊州避禍，途中聽說荊州刺史劉表政令不嚴明，立刻轉向前往魯陽（郡治在今河南魯山縣），曹操據有兗州，延攬毛玠擔任治中從事（第二號幕僚長）。毛玠提出建議：「當今天下分崩離析，皇帝流離播遷，人民百業全廢，政府沒有一年存糧，人民沒有安居之志。只有仁義之師才能取勝，只有財源豐富才能聚人。我們應該尊奉天子並討伐不聽話的諸侯（奉天子以討不臣），同時獎勵農耕以積存糧草。如此則霸業可成。」

曹操立即派出使節，到長安向漢獻帝宣示效忠。當時董卓已經被呂布發動兵變所殺，控制關中的軍閥李傕、郭汜趁此機會拉攏曹操，並以厚禮回報，於是曹操的兗州刺史得到漢獻帝降詔背書。

【覘】

毛玠在逃難途中轉向，顯示他不僅只是想要避禍而已，事實上他對曹操的評價高於對劉表，才會接受曹操的延攬——上一篇馬援的亂世哲學「不唯君擇臣，臣亦擇君」，在東漢末年的亂世又出現了。

曹操一方面需才孔亟，一方面致力籠絡士人，毛玠這種士人社群中的名士，當然有助於他沖淡「宦官後人」形象。也因為他腦袋清楚，一聽就知道那是一流的政治號召（如劉邦聽到「為義帝發喪」），當即採納。

在此之前，關東（函谷關以東）諸侯曾想要擁立另一位劉姓皇族劉虞，來跟關中的漢獻帝劉協相抗，李傕、郭汜正好藉此機會籠絡曹操，雙方一拍即合。

這就是後來曹操「挾天子以令諸侯」的由來，曹操因為掌握了漢獻帝，而能穩居正統地位，堪稱三國第一戰略。（其次才是諸葛亮「隆中對」。）

毛玠這個戰略建議中的另一個重點，獎勵農耕以厚積糧草，則受到後人的忽視。事實上，曹操在兗州推動屯田政策成功，正是後來漢獻帝會同意到許縣的重要因素。可以說，曹操建立絕世功業的第一功臣當推毛玠。

然而，曹操開始東征西討的第一場戰爭，卻是為了報父仇。

曹操命泰山太守應劭去琅邪（今山東臨沂市）接父親曹嵩到袞州就養。曹嵩當年用一億錢買到太尉官位，任上當然要努力「撈本」。這一次搬場，單單載運金銀綢緞珍寶的車子就有一百餘輛。如此招搖的車隊，在經過陰平時，被徐州牧陶謙的部下盯上，一路追蹤，選好了地點發動突襲，殺了曹嵩和幼子曹德。

曹操悲憤莫名，親自領兵攻向徐州，連下十餘城。曹操殺紅了眼，將無辜的百姓，不分男女老幼，數十萬人都驅趕到泗水，全部坑殺，泗水為之不流。陶謙的部隊退守郯縣（今山東郯城縣北），由於曹軍殘暴，軍民一心，死守縣城，曹操久攻不下，只好暫且撤退。回軍途中，又屠三城，雞犬不留，沿途城邑看不到一個行人。

曹操不肯放過陶謙，第二次攻打徐州時，後方卻發生突變：兩位「至友」陳宮與張邈背叛曹操，引進呂布。由於猝不及防，兗州各縣城紛紛陷落，只剩鄄城、范縣、東阿三城。曹操從徐州回軍救援，布署反攻，初期不利，甚至差點喪命。這時候，袁紹派人來勸曹操將家小遷往鄴城（冀州州治），曹操有些心動。經程昱力勸：「將軍自認能居袁紹之下嗎？以將軍的能力，難道要重蹈韓信、彭越的覆轍嗎？如今兗州還有三城，戰士不下萬人，仍大有可為。」曹操這才打消念頭，逐步反攻，終於將呂布逐出兗州。

那一段期間，各路諸侯間征戰不斷，關中軍閥也發生內戰，卻給了曹操一個大好機會——漢獻帝逃出關中，到達了洛陽。洛陽之前被董卓放了一把火，皇宮與朝廷辦公區一片焦土，皇帝住進僅存的南宮，文武官員只能靠著斷垣殘壁居住，中下級官員還得到野外採摘野菜果腹，情況狼狽。

袁紹的謀臣沮授向他提出「挾天子而令諸侯」的建議，可是袁紹沒採納，而曹操始終銘記毛玠的建議，派人去洛陽迎接漢獻帝。由於曹操的大本營許縣（今河南許昌市）糧食豐足，漢獻帝同意前往許縣，於是許縣改稱「許都」，曹操則得到任命成為「大將軍」，可以透過皇帝詔書調動諸侯軍隊。後來他將大將軍頭銜讓給袁紹，自己擔任司空兼車騎將軍，但實質並未改變，同樣可用皇帝名義調動諸侯軍隊。

「挾天子以令諸侯」最大的作用在於壓制世家大族，因為那些人最拘泥於效忠皇室，可是對於軍閥出身的諸侯就不管用，一個例子是張繡。

張繡的地盤是繼承自叔叔張濟，張濟原本是涼州軍閥之一，在關中內戰時率軍出關，盤據宛城（今河南南陽市）。曹操跟袁紹在北方爭霸，而袁紹拉攏荊州劉表夾擊曹操，曹操想要攻擊荊州，首先得去除依附劉表的張繡。

曹操跟張繡打了兩場戰役：第一次曹操攻宛城，張繡接受謀士賈詡建議，開城投降，孰料曹操貪戀美色，將張濟的遺孀接到城外大營，張繡大怒，率軍夜襲曹操大營，曹操狼狽敗逃，長子曹昂戰死。第二次曹操包圍穰城（今河南鄭州市，張繡在宛城之戰後移至穰城），得報袁紹乘虛而入偷襲許都，撤圍北返，張繡追擊卻遭伏擊敗回，又聽賈詡之計再反攻破曹兵。後來，張繡採納賈詡建議歸順曹操，曹操乃能專心與袁紹決戰。

【贊】

曹操在官渡之戰前，遭逢三次大敗：第一次是討董卓時，諸侯聚集在酸棗，每天置酒高會，只有曹操帶自己的軍隊出擊，但是他孤軍出戰的結果是大敗而回，靠曹洪將坐騎讓給他，才得倖免；第二次是呂布侵占兗州，他反攻卻被呂布擊敗，靠典韋拚死斷後，僅以身免；第三次就是宛城之戰，長子曹昂、姪兒曹安民陣亡，侍衛長典韋也陣亡。

宛城之敗後，曹操對諸將說：「我知道為什麼遭逢此敗了，諸位看著吧，從今以後我不會再敗了！」事實上，曹操後來還是吃過敗仗，例如赤壁之戰、潼關之戰（對馬超）等，然而他上述言論的意思，跟「不二過」差相似，也就是沒有再犯相同的戰術錯誤。

曹操跟袁紹等士族軍閥競爭，有著「起跑點」的不平等：人家有地盤，有稅收，所以人馬、糧草都是現成的，可是曹操每次「輸光」，都得重新來過。

東漢末年逐鹿英雄當中，還有一位也不是士族出身：劉備。曹操可能因此對劉備刻意包容，最早是劉備被呂布趕出徐州（陶謙臨死將徐州交給劉備），曹操否決程昱等謀士所提「劉備不是可以信任的人，應該早點除掉」的建議，不但收留他，還給劉備當豫州牧（不怕他有地盤），而且「出則同輿，坐則同席」，最膾炙人口的當然是「煮酒論英雄」那一幕：

【原典精華】

曹公從容謂先主曰：「今天下英雄，唯使君與操耳。本初之徒，不足數也。」先主方食，失匕箸。

——《三國志・蜀書・先主傳》

劉備被曹操嚇得筷子都落在地上，但是我們揣摩曹操的心思，他其實真的沒把袁術、孫策、劉表、劉璋這些角色放在眼裡，反而對劉備這種赤手空拳起家的英雄另眼看待。而他唯一點名不夠看的袁紹（字本初），他卻不能真的不放在眼裡，因為當時袁紹擁有冀、幽、并、青四州，也就是今天河北、山西、山東，還加上北京、天津，而曹操大約只有今天河南的大部分和山東、江蘇的一小部分，袁紹的優勢明顯。由於曹操崛起快速，袁紹倍感威脅，因而一再言辭挑釁，求啟戰端，北方雙雄的決戰勢不可免。

雙雄的勢力範圍原本以黃河為界，但是曹操有計畫的將主力退到官渡，集中兵力，扼守要隘，還有一個更重要的理由：官渡距離許都較近，大軍補給線較短。這一點後來竟成為勝敗關鍵。袁紹的補給線太長，而曹操掌握情報，燒了袁軍儲存在烏巢的糧草，袁軍潰敗，袁紹因悲憤嘔血而死，兩個兒子被曹操各個擊破，曹操於是併有整個北方。

曹操得到袁紹的糧草囤在烏巢的情報，過程有些戲劇化：

【原典精華】

公（曹操）聞攸來，跣出迎之，撫掌笑曰：「子卿遠來，吾事濟矣！」

既入坐，謂操曰：「袁氏軍盛，何以待之？今有幾糧乎？」

操曰：「尚可支一歲。」

攸曰：「無是，更言之！」

又曰：「可支半歲。」

攸曰：「足下不欲破袁氏邪？何言之不實也！」

操曰：「向言戲之耳。其實可一月，為之奈何？」

——《資治通鑑・漢紀》

許攸從袁紹陣營投奔曹操，曹操赤著腳（跣）出來迎接。當曹操打腫臉充胖子說「還有一年半載糧草」，許攸非常高姿態，問曹操：「你想不想打敗袁紹啊？說實話！」曹操立刻放下身段認錯：「方才都是隨便說說，其實只剩一個月存糧，你看該怎麼辦？」

【覘】

這一段很有意思：曹操是大帥，許攸是文士，曹操豈可能連穿鞋子的時間都沒有？應該是刻意擺出求才若渴的姿態。而許攸一開口就問糧草儲量，顯然是帶來了這方面的重要情報，也就是說，曹操完全知道許攸的來意，那番對話其實是經過設計，刻意要滿足許攸的心理。

【贊】

從陳留起兵到官渡之戰，不到十年間，曹操基本上掃平了北方群雄，他用兵機詐多謀，穩贏的絕對不輸，已經輸的總能贏回來。如前所述，曾經犯過的戰術錯誤，不會再犯第二次——不二過，多難啊！

他是歷代兵家公推注解《孫子兵法》最權威的一人，然而，軍事方面的勝利卻不盡然是他用兵如神，而是他總能分辨幕僚意見的好壞，然後採納好建議。更重要的是，每次作戰勝利，他都能不吝惜推崇提出好建議的幕僚——不跟部下爭功勞，那是很多老闆（甚至是非常成功的老闆）都做不到的一項成功要素。

本章敘述的這個階段，曹操進一步洗刷他的「宦官後代」形象，刻意優容士人，甚至袁紹的文膽陳琳在為袁紹寫〈討曹操檄〉中，說他是「贅閹遺醜」，他在官渡之戰勝利後都沒有殺陳琳。另一位當眾羞辱他的名士禰衡，他實在難以容忍，都要煞費苦心的將之送去荊州，借江夏太守黃祖之刀殺人。

另一件事堪比劉秀：曹操進入鄴城，收拾袁紹的書信文件，發現很多許都官員跟袁紹的通信，他將之一把火給燒了，說：「當袁紹勢力強大之時，我自己尚且不能自保，何況眾人？」——亂世逐鹿之主似乎都要有如此胸襟才會成功。

3、赤壁之戰——一著錯天下三分

曹操為了對抗他的宦官後代形象，致力於籠絡士人，凡是名士投奔他的，莫不倒屣相迎（比喻熱情款待，急著出來迎接賓客，連鞋子都穿反了）。

他的丞相府中多得是出身世家的名士，可是隨曹操四處征戰的謀士中，最受他器重的兩位：郭嘉與戲志才，都是寒士。

戲志才的事跡記載很少（若是士族中人，記載就不會少），他死得很早，曹操寫信給首席參謀荀彧：「自從志才死後，沒有可以商量戰術的人，你有什麼人才可以推薦嗎？」於是荀彧推薦了郭嘉。

曹操跟郭嘉見面談論天下大勢後，說：「助我成就大業的，必定是此人！」而郭嘉出來之後，也高興的說：「他真是值得追隨的領袖啊！」

曹操當即發表郭嘉為司空軍祭酒。

【原典精華】

彧薦嘉。召見，論天下事。太祖曰：「使孤成大業者，必此人也！」嘉出，亦喜曰：「真吾主也！」表為司空軍祭酒。

——《三國志・魏書・郭嘉傳》

祭酒，在此之前只有用在文職，例如博士祭酒。曹操當時的職銜是司空，司空帶兵打仗，軍事參謀的首席稱為司空軍祭酒。上述那一段主從相互欣賞的佳話，展現了曹操發現人才就不次拔擢的風格；而郭嘉的欣喜，更由於他曾經投奔過袁紹陣營，也曾向袁紹的高級幕僚辛評、郭圖等提出高級建議，可是他發現袁紹不是能夠成大功、立大業的料，就離開了袁紹陣營。也就是說，郭嘉跟東漢開國時的馬援一樣，是「不唯君擇臣，臣亦擇君」的角色。

郭嘉沒有辜負曹操對他的器重，多次展現了他做為首席參謀的眼光獨到：

曹操討伐呂布，呂布敗退固守下邳，曹軍久攻不下，軍隊疲憊。在曹操有意撤軍時，郭嘉說：「呂布有勇無謀，如今敗退守城，銳氣盡失。軍隊打仗看主將，主將缺乏鬥志，軍隊就不會有士氣。陳宮（呂布的首席參謀）有智謀，可是下決斷太遲。如今呂布的鬥志尚未恢復，而陳宮的計謀尚未定奪，應該急攻，不讓他喘息，必定可以攻克。」然後獻計引河水灌城，城破，生擒呂布。

曹操與袁紹在官渡對峙，有情報說孫策將偷襲許都，諸將聞之有懼意，郭嘉料準孫策內部不穩，果然孫策被仇人暗殺。

官渡之戰擊敗袁紹後，諸將都主張乘勝追擊，郭嘉說：「袁紹兩個兒子爭繼承權，我們追擊太緊的話，兄弟會團結抗敵，不如放鬆，讓他們有內鬥的空間。」曹操暫時調轉大軍南向，果然袁譚與袁尚展開內戰，後來被曹操個別收拾。

曹操北征袁尚與烏丸（亦稱「烏桓」，當時在河北北方與遼東的少數民族），很多人擔心荊州劉表會偷襲許都，郭嘉說：「劉表不是那塊料，不必擔心。」果然沒事。

也就是說，呂布、孫策、袁紹跟他的兩個兒子，還有劉表，郭嘉都能掌握他們的性格，確實稱得上第一流參謀人才。可惜郭嘉也早逝（三十八歲），沒來得及追隨曹操南征，而曹操在赤壁之戰大敗之後，說：「如果郭嘉還在，一定不會讓我遭到如此失敗。」

曹操為什麼這麼說？且看曹操怎麼打赤壁之戰的。

官渡之戰勝利後，曹操一統北方，說來一語帶過，其實花了他七年時間。這當中，傀傴政權漢朝廷從許都遷到鄴都（今河北臨漳縣，之前是袁紹大本營），同時廢了原本的三公（司徒、司空、太尉），改回西漢初年的丞相制，由曹操擔任丞相，大權獨攬。而曹操在發表丞相之前，就已下令在鄴城南苑挖一個玄武池訓練水軍，他的目標當然是南征荊州。

水軍還沒練好，曹操的陸軍已經出發，荊州牧劉表為之病情加劇而亡，繼承人次子劉琮派人將朝廷頒發的符節送去給曹操，以示歸順。原本寄人籬下的劉備倉皇往南逃走，荊州形勢變化快速得曹操幾乎來不及接收。

【覘】

在此之前，曹操沒有經歷過任何一樁「水到渠成」的事情，討黃巾、伐董卓必須散盡家財方募得到兵，青州、兗州、徐州、冀州都靠自己一刀一槍打勝仗取得，可以形容為「渠成水到」，必須自己開好渠道、自己引水入渠。這回攻打荊州，卻是「水未到，渠已成」，他如何面對這種情況？

部將中有人疑心有詐，有人拍馬屁說「丞相虎威，當者披靡」，曹操聽得懂馬屁，但如此情況以前都是郭嘉負責分析，而且每次都料中。問題是郭嘉不在了！

曹操完全不把劉琮放在眼裡，他只關心一個人，劉備。

劉備帶著十萬軍眾南下，但那不像是逃命，逃命的人只會帶機動性最強的騎兵（還記得西楚霸王項羽嗎？英武勇猛如項羽，逃命時也捨棄步兵，只帶騎兵），而劉備除了軍隊還帶平民男女老幼同行，那是另找根據地的作法。曹操也記得自己曾兩次否決幕僚要他殺劉備的建議（包括郭嘉），所以這次不能再犯錯誤。

曹操研判，劉備南行的目標一定是江陵（今湖北江陵縣），那是荊州扼守益州的戰略要地，囤積了兵器、裝備和糧草，如果讓劉備先到江陵，等於給了他城池、武器和糧草。於是曹操丟下輜重，遴選五千精銳騎兵加緊追擊，一日一夜奔馳三百里（劉備的軍民混合隊伍一日只行十餘里），在當陽的長坂追上，劉備的隊伍霎時崩潰。劉備只帶著諸葛亮、張飛、趙雲等逃走（張飛在當陽橋吼住曹軍、趙子龍於長坂坡救阿斗），曹操的戰術成功，可是諸葛亮的B計畫發揮功效——當初從襄陽撤退時，重要物資由關羽率水軍押運，走漢水往江夏（今湖北武漢市），劉備等往漢水方向逃命，會合關羽水軍，到了江夏，那是劉琦（劉表長子）的地盤，有兵有糧。

曹操在荊州整頓兵馬，安定人心。這時來了一位客人，益州牧劉璋派使者張松到荊州向曹操致賀，也負有觀察情況的任務（如隗囂派馬援去觀察公孫述與劉秀）。

張松身材短小，舉止放蕩，但見解超乎常人，深得劉璋器重。可是當時的曹操勝利來得太快，沒有太搭理張松，也否決了楊修所提留張松在朝廷任官的建議，張松為此銜恨，返回益州後，建議劉璋跟曹操斷交，轉而結交劉備。

【贊】

無可否認的，張松的外型與舉止肯定有影響，此所以外交官總是講究外型、衣著、談吐與舉止。然而，也是因為當時曹操的心態跟之前很不一樣，才會演變成如此結果。

對比一下官渡之戰前曹操對待許攸（赤腳出迎），跟赤壁之戰前對待張松，就可以明白，同一個曹操為何之前能夠以弱勝強，之後卻雖強反敗——對待士人的態度顯示曹操的心態。

由於北方已大致平定（只剩下關中），而荊州得來不費吹灰之力，原本認為「天下英雄就咱倆」的劉備也如摧枯拉朽，曹操當時肯定有點志得意滿，以為天下已經在囊中了。也就是說，他當時的心態可能是「天命在我」吧！

如此心態之下，曹操寫了一封信給孫權：「近者，奉辭伐罪，旌麾南指，劉琮束手。今治水軍八十萬眾，方與將軍會獵於吳。」用白話文說：我掌握了傀儡皇帝，所以大軍南下，劉琮已經識相歸順了。現在率領八十萬大軍和艦隊，期待我倆在你的領地上一同遊獵為樂——何等囂張的口吻！

事實上，曹操在赤壁之戰前，始終低估了孫權。孫策被刺殺的消息傳到許都，曹操一度想要趁人之危，發兵討伐江東，後來他沒有發兵，反而表請漢獻帝任命孫權為討虜將軍兼會稽太守，前者是沿襲老爸和老哥的頭銜（孫堅破虜將軍、孫策討逆將軍），後者是繼承老哥孫策的官銜，可是孫策的「吳侯」爵位沒了。也就是說，曹操看不起孫權這個「毛頭孩子」，不認為他能擔當一國之主。

但是孫權的志氣不小，孫權的謀臣魯肅更是第一個提出「鼎足天下」大戰略的人。聽說劉琮獻出荊州、劉備投奔江夏，魯肅取得孫權的同意，即刻前往江夏聯絡劉備。而劉備也派諸葛亮出使建康，說服東吳眾臣，孫劉兩家合力抗曹。孫權撥三萬水軍給周瑜，周瑜進抵赤壁，跟曹操隔長江相望（赤壁在南岸，北岸是烏林）。

此時曹操軍中流行瘟疫，戰鬥力衰退，將船艦用鐵鏈連鎖，首尾相接，減輕船艦搖晃，以免染病的軍士身體狀況雪上加霜。周瑜迅速利用這個錯著，派部將黃蓋向曹操詐降，「投誠」船隻滿載蘆柴、灌以油脂，直奔曹軍艦隊而來，接近約二里之遙時，各艦同時引火，火船衝進曹軍連鎖艦隊，風助火勢，瞬間一片火海，更延燒到岸上陸軍營寨，人馬或被燒死、或墜入長江溺死，哭號震天。周瑜主力船艦隨後跟進，曹操大軍剎時崩潰。

周瑜、劉備分由水陸展開追擊，曹操率領殘軍穿越華容道（今湖北監利縣東），那是一條兩邊山壁中間的狹徑，穿過去就到達華容（今湖北荊州市境內），也是曹操大軍囤積糧草後勤的地方。出了華容道，曹操仰天大笑，諸將問他為何大笑，曹操說：「劉備跟我稱得上是對手，可是他卻沒算到，如果在此之前（華容道中）放一把火，我們可全都完結了！」

【覘】

曹操敗過很多次，很多次都非常危急，可以說是奇蹟式的活命，華容道並不是最危急的一次。而曹操在脫險之後，想的卻是「還以為劉備能跟我匹敵，他卻漏算了這一步」。

逃命時不是只想到求活就好，而是想再來怎樣對付對手。這種特質在劉邦、劉秀身上都曾看到。

再回頭來看，曹操為什麼認為郭嘉可以讓他避免赤壁之敗？

前面提到，郭嘉曾經建議「讓袁紹兩個兒子有內鬥空間」，果然收到了預期效果。如果郭嘉還在，當劉備投奔江夏，郭嘉應該會提出，「現在如果大軍東下，會逼使孫權跟劉備聯手，如果我們先將矛頭轉向益州，孫權對江夏突然多出劉備軍隊，可能會感受到威脅，他倆就會產生猜忌，甚至相互攻伐」。那樣的話，曹操也不會忽視張松，而如果張松當時幫曹操取益州，也就不會有後來的三國鼎立（甚至沒有赤壁之戰）了。

然而，雖然郭嘉不在，為什麼曹操就想不到這些？

赤壁之戰前，曹操曾經橫槊賦詩〈短歌行〉：（節錄）

月明星稀，烏鵲南飛。繞樹三匝，何枝可依？
山不厭高，水不厭深。周公吐哺，天下歸心。

「烏鵲」指的是人才，詩文意思是：天下英才不能決定投奔哪裡嗎？我這裡「山高水深」發揮空間無窮大，而我更是跟當年周公「一飯三吐哺」那樣，竭誠歡迎人才來歸。

原來，曹操當時認為，天下已經在掌握之中。他在官渡之戰前，的確稱得上氣度寬弘，禮賢下士，可是他在荊州卻忽視了張松。而赤壁橫槊賦詩時，雖仍標榜效法周公，但其實心底認定「天下英才已經沒有其他選擇了」。

【贊】

任何英雄人物最忌諱的就是：得意忘形。劉邦一直到唱出「安得猛士兮守四方」時，仍懷著危機意識；劉秀說出「既得隴，復望蜀」時，還要向前方將士表達「不好意思」。相較之下，曹操似乎得意得太早了。

然而，赤壁之戰給了曹操當頭棒喝，他扎扎實實的反省了自己，並且在評估形勢後，從此不再大舉南征，因而成就了建安盛世。

4、自明本志——假仁假義終於未能稱帝

曹操的「天命」事實上毀在赤壁之戰，如果他打贏了赤壁之戰，甚至在拿下荊州之後，用外交手段讓孫權雌伏，劉備孤軍在江夏不可能撐太久，那樣，他應該可以順理成章的易姓移鼎。可是他敗了。

當孫權接受魯肅的建議，將荊州三郡「借」給劉備，消息傳到鄴都時，曹操正在寫字，聞訊為之失筆——劉備失箸與曹操失筆都是非常傳神的敘述。簡單說，曹操在那一刻已經明白，孫權跟劉備的結盟已經成形，從此以後他要對付的是東西兩個戰場——三國鼎立已成定局。

於是曹操專心經營北方。首先他進一步推廣屯田，之前在許都時他的軍隊就開始屯田，一年之內「米穀百萬斛」，於是推廣到所有郡縣，第二年「所在積粟，倉廩皆滿」。打完官渡之戰與赤壁之戰，他再度推行屯田，讓軍隊不成為人民的負擔，家家富饒。

接下來，他整飭吏治，重用毛玠與崔琰擔任丞相府東西掾，同時負責文官的選拔、升遷與黜免。毛、崔兩人務實的選拔官吏（不以門第為標準），排斥吹牛拍馬之徒，嚴厲懲戒貪汙，整個政府作風廉潔有能，因此創造了建安盛世，包括經濟、文學各方面都欣欣向榮。同時，他下令興建銅雀臺（《三國演義》寫諸葛亮用「曹操建銅雀臺要收二喬」激怒周瑜，明顯有時間差），以彰顯太平盛世。

然後他頒布了〈讓縣自明本志令〉，自述從政以來的心路歷程：最初只想等待天下太平再出來做官（做個治世之能臣），但不能如願，因為受徵召討伐黃巾，那時也只想墓碑上能題字「漢故征西將軍曹侯之墓」而已。可是後來形勢變化太快，袁術居然僭號稱帝，我發兵征剿，使他發病而死；他的哥哥袁紹據地稱雄，我將他擊敗，並砍下他兩個兒子的腦袋；劉表以皇室自居，卻包藏奸心，我將之平定，於是平定了天下。身為宰相已經位極人臣，不該再有奢望，卻為什麼還要說這些？是為了堵住那些讕言批評，所以直言無諱。說實在的，如果沒有我，不曉得會有多少人稱帝、稱王！

【原典精華】

……遂平天下。身為宰相，人臣之貴已極，意望已過矣。今孤言此，若為自大，欲人言盡，故無諱耳。設使國家無有孤，不知當幾人稱帝，幾人稱王。

——〈曹操・讓縣自明本志令〉

所謂「讓縣」，就是奉還大部分食邑，在今天就叫「自砍薪水」，目的當然是沽名釣譽，同時美化他之前四出攻伐，乃至「殺人如麻」的惡名。至於其他人都想稱帝稱王，他自己呢？

說曹操從來沒想過稱帝，肯定是昧著良心說話。他頒布〈讓縣自明本志令〉之後不久，朝廷任命曹丕為五官中郎將（其實就是曹操任命），然而，五官中郎將在東漢朝廷只是總管宮廷侍衛，可是曹丕這個五官中郎將卻設官置屬，有自己的幕僚參謀，且「為丞相副」，擺明了「從此朝廷是我家的」，這也是後來日本幕府將軍的模仿樣板。曹操另外三個兒子同時封侯，各享五千戶食邑，剛好是他「讓縣」的數目：一萬五千戶。

再往後，曹操的野心就愈來愈明顯了：征關中得勝歸來，漢獻帝下詔，准許曹操「贊拜不名，劍履上殿，入朝不趨」。也就是朝見天子時，司儀只高聲稱「丞相」，而不稱「丞相曹操」；上殿時不必脫鞋，並准許配劍；進入及退出時不必踩小碎步。別看這三件事似乎沒什麼了不起，在古代可是莫大恩典。在此之前，只有西漢開國時的蕭何享有後兩項特權而已。

尚書董昭看懂了曹操的心思，聯合諸侯、諸將向朝廷提出：丞相曹操應該晉升魏公，並加頒九錫。（「錫」就是賜，九錫就是天子頒賜九項只有天子可以使用的儀仗給諸侯，這一套在王莽篡漢時使用過。）

可是尚書令荀彧卻對此表示不同意見，他說：「丞相最初本是大義起兵，一心只為安定國家，謙恭退讓，從來不求個人名位。君子愛人，應該砥礪他的品德，不該以這種行動壞了他的志節。」曹操為此大不高興。

之後曹操東征孫權，上書請皇帝派荀彧到前線勞軍，荀彧到了前線，被留在軍中擔任「持節，參丞相軍事」，也就是他仍然是皇帝的代表，可是在前線參與軍事。曹操大軍推進到濡須（今安徽巢縣），荀彧因病留在壽春（今安徽壽縣），曹操送去食盒，打開裡面卻是空的，於是荀彧識相的服毒自殺。

【覘】

曹操為什麼要逼死荀彧？史家有很多種看法。

荀彧是曹操起兵以來的首席參謀，曹操不只一次說荀彧是「吾之子房也」，將荀彧比作張良，曹操也稱許另一位重臣鍾繇是「吾之蕭何也」，當然，曹操這是自比劉邦。

曹操非常確定，荀彧絕對瞭解他自比劉邦的心，那麼，荀彧反對「魏公加九錫」，就顯然是故意阻撓他的篡奪之路了。

這才是曹操逼荀彧自殺的動機——移開擋路石，否則，以曹操對人才的珍惜，與荀彧為他立下的無數功勞，沒有理由這麼做。

但荀彧為什麼要反對董昭的馬屁行動，仍然令人想不通。因為，如果曹操果然稱帝，荀彧就是開國元勛，如果他不樂見曹操稱帝，那他打一開頭就不會靠向曹操。

曹操東征孫權回到鄴都，朝廷（其實是曹操自己）封曹操為魏公，以冀州十個郡做他的采邑，加九錫之外，另賜十五項皇帝專用儀仗。魏公府設尚書、侍中、六卿等，事實上，傀儡朝廷的所有政令從此都出於魏公府。

接下去，曹操逼死漢獻帝的伏皇后，理由是已經逝世的后父伏完曾經密謀政變。然後漢獻帝立曹操的女兒為皇后，並且下令：魏公曹操在朝會的位置，在所有侯、王之上。隔年，曹操晉封魏王；又隔年，魏王曹操設天子旌旗，出警入蹕（清道禁止行人），所有儀仗已經跟皇帝完全一樣。

【贊】

這個過程跟當年王莽篡漢的軌跡如出一轍，所有人都認為，曹操一定會篡位稱帝，可是，所有人都錯了。曹操過足了做皇帝的癮，有皇帝之實，卻始終沒有稱帝。

為什麼曹操完全可以稱帝卻始終沒有稱帝？史家有非常多說法，但曹操是個極端複雜的人，後人嘗試以一個或很少的幾個理由想要覘探曹操的心思，事實上不可能。

然而有兩點是多數史家都提到的：第一、天下沒有統一，曹操的事功不夠完全；第二、他以前講了太多為自己塗脂抹粉的話，特別是〈讓縣自明本志令〉那句「使國家無有孤，不知當幾人稱帝，幾人稱王」，他自詡消滅了如袁術那樣「僭號稱帝的賊子」，在沒有想到如何自圓其說之前，總是下不了決心。因此雖然一步一步逼近，最後卻沒能到達終點。

5、立儲正確——成功套用周文王模式

曹操下不了決心，群臣也就不敢造次，因為曹操的疑心病很重，且天威莫測，甚至會假裝睡夢中殺人。

可是孫權完全沒有這個顧忌，他派人上書曹操，信中自稱「臣」，還說自己稱臣是「順應天命」。曹操將孫權的信公開，說：「這小子想要將我放到爐火上嗎？」身邊的馬屁集團這下逮到機會了，立即表態勸進，恭請曹操「正大位」。曹操說：「如果天命真的在我，我寧願當周文王。」

【原典精華】

（孫權）上書稱臣於操，稱說天命。操以權書示外曰：「是兒欲踞吾著爐火上邪！」侍中陳群等皆曰：「漢祚已終，非適今日。……此天人之應，異氣齊聲，殿下宜正大位，復何疑哉！」操曰：「若天命在吾，吾為周文王矣。」

——《資治通鑑．漢紀六十》

「周文王模式」的實質意思是：商紂王無道，天下諸侯已經有三分之二歸心西伯姬昌，但直到姬昌死後，兒子姬發才討伐紂王，滅商朝建立周朝，並追尊父親為周文王。也就是說，曹操表明自己不會篡位，要等兒子篡位以後，追尊他帝號，這就是「周文王模式」——他不必背負篡位的罵名，但歷史仍然記載他是開國皇帝。這個如意算盤的問題在於，必須兒子是「周武王」。

曹操說這話時，已經確定繼承人是曹丕，但那可是經過相當一段時間考慮後的決定。

曹操元配丁夫人無子，因故觸怒曹操，被送回娘家，另立卞夫人為正室。卞夫人生四子：曹丕、曹彰、曹植、曹熊。依照嫡長制傳統，應該立老大曹丕為太子，可是曹操私心最喜歡曹植，曹植多才多藝且反應機敏，因而曹操遲遲不做決定。

這使得「西瓜族」開始向兩邊移動，曹丕、曹植身邊都圍攏了一批人，而曹丕最信任的參謀是吳質，曹植最信任的則是楊修。

吳質本以文學見長，可是他生得晚，不能進入「建安七子」之列，而建安七子又都是曹植的好朋友，於是他靠向曹丕，而成為重要智囊。

有一次，曹操率大軍出征，曹丕與曹植一同送行。曹植當場作賦稱頌，出口成章，左右為之側目，曹操龍心大悅。轉頭看，卻只見曹丕「悵然自失，獨流涕」，見父王望向自己，「泣而拜，左右皆歔欷」——這一招，既掩飾了曹丕的短處，又打擊了曹植的炫耀，就是吳質教的。

楊修是名門子弟，高祖父楊震有「關西孔子」之美譽，四代都位列三公，楊修是第五代，而他的聰明才智甚至超過父祖——問題就出在他「太聰明」了。

一次，有人送了一杯酪給曹操，曹操嚐了一些，然後在蓋子上寫了個「合」字，傳給幕僚們看。大家都不懂，傳到楊修時，打開蓋子，吃了一口，然後說：「『合』字拆開就是『人一口』，吃吧，沒問題的。」

曹操怕人暗殺他，常說：「我睡覺時不要隨便靠近，小心我作夢會殺人，殺了人自己卻不知道。」有一次，一位近侍在他睡午覺時幫他蓋被子，卻被曹操跳起來一刀殺了。醒來後，假裝大驚失色，左右都嗟嘆不已。只有楊修冷冷的對那具屍體說：「丞相不是在夢中，你才是在夢中啊！」

楊修能夠猜透曹操心思，當然是曹植爭取太子地位的一大助力，而他的主要對手當然是吳質。

楊修等運作立曹植為太子最用力的時候，曹丕十分憂懼，想跟吳質商量。可是吳質當時的官職是朝歌縣長，外官不得批准或奉召，是不能擅自入京的。於是曹丕想出一招，將吳質藏到裝綢緞的大竹筐裡，用牛車載進自己的府邸，兩人密商對策。

楊修得到消息，就向曹操打小報告。但曹操尚未著手調查，曹丕已得到消息，緊急通知吳質。吳質回說：「那有什麼問題。」

隔天，又有裝載綢緞的牛車低調進入曹丕府邸。楊修立即報告曹操，曹操下令搜索，卻搜不到人，自此曹操開始懷疑楊修。

曹操最後下決心必須立儲，則是因為賈詡。

有一天，曹操屏除左右，詢問賈詡意見，賈詡「嘿然不語」（喉嚨中發出聲音，但不是說話）。

曹操說：「我問你問題，你為什麼不回答？」

賈詡說：「我正在想一件事情，所以無法立即回答。」

曹操：「你在想什麼？」

賈詡：「我正在想，袁紹和劉表父子的事。」

曹操聞言大笑。不久，漢獻帝降詔（其實是曹操下令）命曹丕為魏王太子。

【覘】

曹操的兩個手下敗將袁紹與劉表，都是因為私心喜歡小兒子，所以生前都沒有立儲。最後都在自己死了之後，兄弟不能團結，袁譚、袁尚被曹操分別收拾，劉琮則根本不抵抗就投降了。

曹操既然想要當「周文王」，他就得選一個「周武王」為太子。很顯然，他喜歡曹植，卻認為曹植不會成為「周武王」，可是曹丕也不是那麼妥當，因而一度猶豫。但無論如何必須確立太子，否則恐將重蹈袁紹、劉表的覆轍。

曹操心底的繼承人理想形象是誰呢？大家都猜不到，是他在赤壁之戰前，完全不放在眼裡的孫權！

有一年，曹操親率四十萬大軍攻打濡須口（今安徽巢縣西巢湖），孫權親率七萬人抵抗，守了一個多月。曹操見孫權的陣營「舟船器仗軍伍整肅」，慨嘆：「生子當如孫仲謀（孫權字仲謀）！像袁紹、劉表的兒子，簡直跟豬狗差不多！」當然也有可能，賈詡是當時在一旁聽到這番話，才會在曹操問到繼承問題時，說出上述高級話語。

曹操在立儲的隔年駕崩，曹丕繼承了魏王，他沒有辜負老爹的心意，十個月後就演出一場「禪讓」戲碼，漢獻帝將皇位讓給曹丕：東漢正式滅亡，魏帝國就此建立，曹丕追尊曹操為魏武帝。

【贊】

曹操一生都在跟他的「宦官後人」心理陰影鬥爭。當然他能力超絕，文武雙全，而且知人善任，賞罰分明，一生打勝仗無數，只因為赤壁之戰一場敗仗，遂與帝位絕緣。

曹操沒有稱帝的兩個最主要因素：一是對手（孫權、劉備）也都知人善任，而且頭腦清楚，始終能夠維持聯合對付他。這或許也跟宦官後人的心理陰影很有關係：如果換做袁紹那種世家大族，或者是劉表那種皇室貴族，不會像曹操考慮那麼多。

另一個因素是，他的勝利其實歸功於「奉天子以討不臣」大戰略，而他喊了大半輩子「奉天子」，實在很難做出篡位的動作。（除非打贏赤壁之戰，統一天下，就可宣稱「天命在我」了。）

曹操比起劉邦和劉秀都要複雜得多，他充滿權謀卻又時露坦誠，作風忌刻但偶爾非常寬厚，生性多疑卻能知人善任充分授權……，多種正反性格集於一身，難以蓋棺論定。

卷四

豪族子弟得天命

——唐太宗李世民

「天下大亂，非高、光之才，不能定也。」

世民曰：「安知其無，但人不識耳。」

歷史上的「太宗」多數都是給「二世祖」的廟號。這裡有兩點必須說明：一、廟號跟謚號有別，前者是逝去的皇帝在宗廟裡被供奉的稱號，後者是依其品德功過而給的尊（或貶）稱。例如漢武帝是謚號，他的廟號是「世宗」，由於唐朝以後對逝去皇帝的謚號都很長（以後愈來愈長，清朝皇帝多達二十五字），所以史家都書其廟號。二、必須是能夠光大王朝的二世祖才會被尊稱太宗，例如宋太宗趙匡義、清太宗皇太極等（反面例子是漢惠帝和晉惠帝）。

唐太宗李世民的父親唐高祖李淵是唐朝開國皇帝，但是後人對唐朝開國常常稱「李淵父子」，因為李世民不但是起義發動者，也著有最大戰功。他本人更自豪的說過，「在創業君王中，真正親臨戰場的只有我跟漢光武帝。」事實上本書前面的劉邦、曹操也都親臨戰場，而此處重點在於，李世民本人認為自己是創業君王。

著名的「創業與守成孰難」論辯，就出自他跟左右侍臣的對話：

【原典精華】

上問侍臣：「帝王創業與守成孰難？」

房玄齡曰：「草昧之初，與群雄並起角力而後臣之，創業難矣。」

魏徵曰：「自古帝王，莫不得之於艱難，失之於安逸，守成難矣。」

上曰：「玄齡與吾共取天下，出百死，得一生，故知創業之難。徵與吾共安天下，常恐驕奢生於富貴，禍亂生於所忽，故知守成之難。然創業之難，既已往矣；守成之難，方當與諸公慎之。」

——《貞觀政要・君道》

唐太宗問：「帝王創業與守成何者比較難？」

房玄齡說：「要跟逐鹿群雄角力，並讓他們稱臣，創業真難啊！」

魏徵說：「自古以來，很多帝王都得之於艱難，卻失之於安逸，所以守成難啊！」

唐太宗下結論：「房玄齡跟我一同打天下，所以體會創業之難；魏徵跟我一同安天下，深怕我因為驕奢或掉以輕心，所以強調守成之難。然而，創業之難已經過去了，守成之難仍需要各位跟我一同謹慎施政。」

由於李世民賦予自己「慎於守成」的使命，他的施政風格始終保持戒慎恐懼的態度，因此建立「貞觀之治」，給了唐朝非常良好的立國基因，也建立了大唐帝國的「天命」。

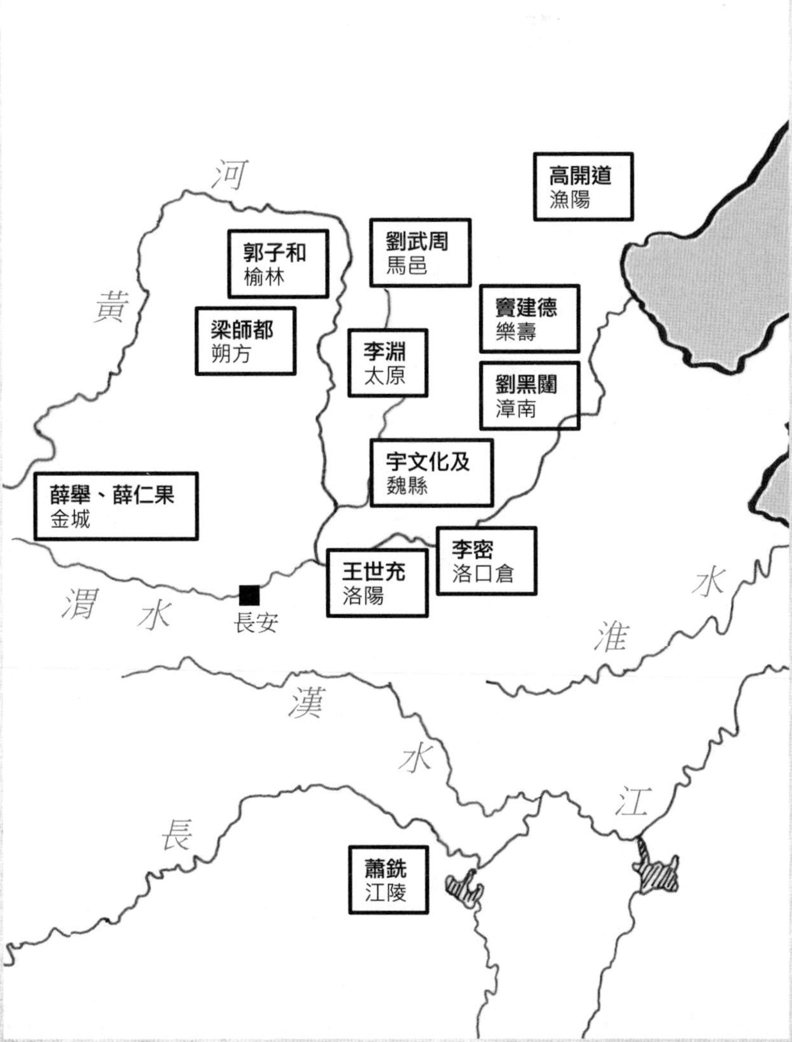

高開道
漁陽
劉武周
馬邑
郭子和
榆林
竇建德
樂壽
梁師都
朔方
李淵
太原
劉黑闥
漳南
宇文化及
魏縣
薛舉、薛仁果
金城
李密
洛口倉
王世充
洛陽
長安
黃
河
渭
水
淮
水
漢
水
長
江
蕭銑
江陵

隋末逐鹿群雄

唐朝能夠創建，不例外的，必須前朝「失其鹿」。而李世民跟前面述及的三位不同之處，在於他是豪門巨室出身。豪族出身通常眼光、格局都比平民遠大，更有較多資源吸納各方英雄豪傑，這是劉邦、劉秀、曹操都沒有的條件。然而，豪門子弟卻很容易耽於逸樂、眼高手低、遇到挫折就歸罪他人，這一點，我們在李世民身上（至少史書上）幾乎沒有看到，確實是非常不容易。

李世民的才能卓越毫無疑問：從小就「幼而臨機果斷，不拘小節，時人無能測」，當了皇帝「其聽斷而不惑，從善而如流，可稱千載一人者」。而他的確稱得上「史上最英明」。能夠分辨好壞忠奸是「英」，歷史上另一位當得起的是清雍正皇帝。但雍正是「英察」，他建立一套複雜交叉的情報來源，確保臣下不敢欺瞞；而唐太宗是「英明」，他的判斷力非常精準，幾乎第一時間就能判斷忠奸、勤惰，實情或飾言，此所謂「聽斷而不惑」。

但是，他原本是當不上皇帝的，因為他排行老二，在嫡長制度懸為最高鐵律的年代，那是突不破的障礙。而他發動了一場兵變「玄武門之變」，殺死了老哥太子李建成和老弟齊王李元吉，更讓老爸李淵識相的交出政權。史家對此事的褒貶爭議千餘年，而基本共識是「李淵沒處理好」。

這樣說李淵其實並不公平，李淵絕非優柔寡斷如袁紹者流：有一次突厥騎兵衝進晉陽城，李淵下令將內城城門通通打開，突厥騎兵莫測虛實，由北門入，從東門出，不敢留在城內，顯示他有勇且敢於行險；起義之初，他曾以書信滿足李密的自大心態，讓自己得以專心進攻長安，顯示他有謀且能忍。這兩件事要放大看的話，可以推論李淵在軍事、外交都能快速且靈活決策，理論上不應該在立儲一事遲疑不決。

可是他事實上始終「坐視」兒子們之間相互鬥爭，而沒有積極干預，一個重要原因是：三個兒子都太優秀了，老爸難為。李世民的功勞大沒有話講，最初起義也是他發動，那並不是李世民比李淵更勇於造反，而是李淵的「悶騷」只有李世民知道。李淵知道這個兒子最能弘揚家業，但如果太子李建成能力很差，也就好處理了，偏偏李建成很優秀，也曾立下不少戰功，且常常是因為「太子儲君不宜親冒矢石」的理由而讓出立功機會。無論如何，老爸始終不介入的結果，使得兄弟間的猜忌與危機感不斷升高，終至爆發了兵變——手足相殘可能終究無法避免，縱使李世民沒有先動手，李建成也可能動手。

李世民難以洗脫「弒兄殺弟脅父」罪名的一個重要因素是：建成、元吉各有五個兒子，李世民在玄武門兵變之後，將十個姪兒都殺了。這種事情如果發生在流氓創業主身上，不會有任何問題，斬草除根是當然的道理（劉玄沒殺劉秀才是錯誤決策），可是發生在豪族家變，乃不免出現親情與人性方面的爭議。

可是，後人都原諒了李世民，因為大唐盛世成為中華民族的驕傲，貞觀之治樹立了歷史上的君臣典範——只要論及君王納諫，頭一個想到的必定是唐太宗與魏徵。然而，魏徵很可能是被唐太宗「相」中的對象：他原本是太子建成一黨，重用並優容魏徵，比起採納房玄齡的建言，邊際效應與宣傳效果都高太多。一段歷史場景可以說明：

【原典精華】

上嘗罷朝，怒曰：「會須殺此田舍翁。」后問為誰，上曰：「魏徵每廷辱我。」后退，具朝服立於庭，上驚問其故。后曰：「妾聞主明臣直；今魏徵直，由陛下之明故也，妾敢不賀！」上乃悅。

——《資治通鑑・唐紀十》

唐太宗有一次下朝後，氣沖沖的說：「我一定要殺掉這個鄉巴佬。」長孫皇后問是哪個傢伙膽敢對皇帝無禮，太宗說：「還不就是那魏徵，老是在朝廷上不給我面子。」

長孫皇后退回房裡，出來時換上正式禮服，太宗驚訝的問為什麼。皇后說：「我聽說過，君主英明則大臣才敢直言，如今魏徵敢於直言，當然是因為陛下英明的緣故，我哪能不祝賀！」太宗於是釁然。

這個故事每用在說長孫皇后多麼賢明，但卻也可見太宗不是喜歡魏徵犯顏直諫，而是為了展現自己當皇帝大度能容，才會「縱容」魏徵。另外，魏徵自己也曾說，太宗「貞觀之初恐人不諫，常導之使言」，證明魏徵也知道唐太宗要拿他做範例。如前所述，魏徵是建成人馬，邊際效益比較大。

而這也顯示了，唐太宗比歷史上任何皇帝都懂得宣傳自己，懂得「操弄」歷史——如果曹操說「寧為周文王」是想要贏得當世之名，那麼，唐太宗成功的贏得了萬世之名。

1、關隴集團——沒有隋煬帝就沒有唐太宗

三國鼎立局面由晉朝一統，但是統一局面只維持了三十多年，就被匈奴族攻進洛陽滅亡，晉元帝司馬睿在建康即位，延續晉朝的國祚，史稱之前為西晉，之後為東晉，東晉延續了一百零二年。同時期北方是「五胡十六國」，戰亂一百二十三年後由北魏統一。然後是北魏與南朝（宋、齊、梁、陳）對峙，後來北魏分裂為東魏、西魏，又分別被北齊、北周所篡，而北周又滅北齊。最終，隋文帝楊堅篡北周，又滅南方的陳國，天下再歸一統（隋朝）。從曹操到楊堅這段歷史，稱為「魏晉南北朝」。

這裡插一個枝節：南北朝後期，北周、北齊、梁陳的「三國」形勢，幾乎就是「如果諸葛亮北伐成功，併有關中與益州」的局面。也就是說，諸葛亮的戰略方向有其可行性，而非全然「知其不可而為之」。但跟曹操的運氣不好是「對手太優秀」一樣，諸葛亮也因為對手太優秀而沒能成功。

可是楊堅運氣好得多，北齊從建國以後都是暴虐之君，楊堅隨北周武帝宇文邕東征滅北齊；而南方的陳國皇帝陳叔寶不務正業，政事糜爛，楊堅篡位後，隋朝平陳幾乎不費什麼力氣。然後楊堅建立了一個太平盛世「開皇之治」，輕徭減賦，戶口益盛，倉庫盈積，這都歸功於政府人才鼎盛，而西魏、北周到隋的人才鼎盛，又得力於「關隴集團」。

打從董卓劫持漢獻帝到關中時，就有一批洛陽的官員（都是世家大族）跟著朝廷到了長安。後來關中大亂，漢獻帝逃回洛陽，關中地區的士族中人很多避難到隴右（今甘肅南部，指關中的隴山以西地區），之後五胡十六國一百多年戰亂時期，隴右與河西地區（合起來就是今甘肅）同樣干戈不歇。

北魏分裂，宇文泰立元寶炬為西魏文帝於長安，不但軍事、經濟實力在「三國」中最弱，文化方面也最弱——東魏承受北魏孝文帝以來的漢化文明，南梁則有東晉南渡的中原士族。為此，宇文泰一方面重用漢人士族，講尚儒學，致力提升關隴地區的文化水準，祛除國人的文化自卑感，一方面保持鮮卑族的部落兵制，並鼓勵胡人將領與漢族世家通婚。鮮卑人在北魏孝文帝推行漢化之後，已經都有了漢姓，宇文泰再賜漢人以胡姓，籍貫則一律改為關中籍。這種「速食式」的種族融合居然大成功，於是形成了關隴集團，更由於族群融合使得人才不分畛域，奠定了北周的強大基礎，其影響力一直到唐朝初期。

西魏皇帝為了尊崇宇文泰，封他為柱國大將軍，位在丞相之上，後來為了分散宇文泰的權力，陸續增封，最終有「八柱國」，其下有「十二大將軍」，也就是二十位關隴集團最有權力的人，其中包括了獨孤信、楊忠、李虎。從獨孤信的親家，可以窺見關隴集團間通婚關係之一斑：獨孤信的三個女兒分別嫁給宇文毓（宇文泰的庶長子、北周明帝）、楊堅（楊忠之子）、李昞（李虎之子，李淵之父），他跟三個皇帝家族結為親家！也就是說，楊堅跟李昞是連襟，而楊堅篡北周是舅舅篡外甥，隋煬帝楊廣跟唐高祖李淵是表兄弟，李淵篡隋是舅公篡外甥孫——整個集團幾乎可以看做一個家族，而楊忠、李虎雖然都是漢人，但楊廣、李世民卻都有胡人血統。

既然是一家人，隋文帝又建立了一個物阜民豐的帝國，政府的人才鼎盛，大好江山又怎麼落到李淵手中呢？原因就出在隋煬帝楊廣。

若論個人資質，隋煬帝堪稱古今皇帝中的佼佼者：「美姿儀，少聰慧」，「好學問，善詩文」，還能帶兵打仗，隋平陳軍事行動的掛名統帥就是他，平陳之後鎮守揚州，鎮壓叛變頗有績效。

問題在於，他上頭有個哥哥楊勇是當然的太子，於是他努力做作：不好聲色、禮賢下士、謙恭謹慎，由此贏得了朝野讚頌和隋文帝夫婦的歡心。一旦太子跟皇帝、皇后之間出現裂痕（楊勇同時犯了老爸跟老媽的大忌），楊廣迅速見縫插針，讓楊堅廢了楊勇，立楊廣為太子，後來繼位成為隋煬帝。（資治通鑑的記載暗示是隋煬帝弒父。）

但是，一個資質超絕的太子，即位後卻沒能成為一位好皇帝，雖然有一些野心勃勃的大作為（如大運河，其實最初並非為了巡遊享樂），最後卻搞到天怒人怨，遍地烽火。最主要的原因在於他「以才學自負」，最大的優點成了最大的缺點。舉幾個例子來說：

他曾對臣下說：「你們不要以為我這個皇帝寶座是父親傳給我的，如果讓我跟士大夫一同參加考試的話，天子這個位置還是由我來坐！」

才子大臣薛道衡作詩，有一句「空梁落燕泥」傳頌一時，隋煬帝為之銜恨，藉故殺了薛道衡，還問了一句：「更能作『空梁落燕泥』否！」

另一位大臣王冑有詩句「庭草無人隨意綠」膾炙人口，煬帝也藉故殺了他，並說：「『庭草無人隨意綠』，復能作此語耶？」

楊廣三次發動遠征高句麗，兩次御駕親征，群臣勸諫說「派大將去就好了」，他說：「我自己去都不成，派其他人去哪行？」

如此「天下只有我最行」的心態，又以為老爸留下的基業可以供他無限制任意揮霍，簡單歸納就是「驕縱」二字，沒幾年就搞到全國變亂，遍地烽火，最終身死國滅。

【覬】

李世民出身關隴集團世家，算是皇親國戚，他對隋煬帝楊廣的作為肯定非常熟悉。同時，他倆還真有諸多相同之處：

他倆都是次子，都搶了老哥的太子；他倆都曾經御駕親征高句麗，也都以失敗收場；他倆都具有文武兼修的高級資質；甚至，他倆都有亂倫傳聞。

李世民對於楊廣的心理想必有深刻體會，但是隋煬帝的失敗覆轍就在眼前，不得不讓他心生警惕，也因此唐太宗時時都以隋煬帝為戒，且能夠分析隋煬帝的失誤，直指核心，充分警惕了貞觀君臣，最終唐太宗贏得萬世美名，而隋煬帝則遭到萬世罵名。

《貞觀政要》中唐太宗以隋煬帝為戒的記載很多，茲摘錄兩則：

朕……二十四而天下定，二十九而居大位……自謂古來英雄撥亂之主無見及者，頗有自矜之意……隋煬帝富有四海，既驕且逸，一朝而敗，吾亦何得自驕也？～〈論災祥〉

大意是：我因為不到三十歲就平定天下，登上皇位，自以為古來英雄都跟我沒得比，於是不免自矜。可是每次想到隋煬帝，他已經擁有四海，卻因為驕逸而一下子敗光，我又怎麼敢驕傲呢？

隋主殘暴，身死匹夫之手，率土蒼生，罕聞嗟痛。公等為朕思隋氏滅亡之事，朕為公等思龍逢、晁錯之誅，君臣保全，豈不美哉！～〈論政體〉

大意是：隋煬帝因為殘暴而死於亂兵，天下人沒聽說為他哀傷。諸位隨時提醒我隋朝滅亡的原因，我隨時為諸位念及古時忠臣關龍逄、晁錯被冤受誅的教訓，如此君臣美名都能保全，那就完美了！（註：關龍逄是夏桀的大臣，因直言極諫而被殺；晁錯是漢景帝大臣，因建議削藩引起七國之亂，被當作替罪羔羊而殺。）

【贊】

最初李世民鼓動老爹李淵起兵的階段，有一次李淵派將領跟突厥作戰，戰事不利，李淵擔心受到隋煬帝處罰，惴惴終日。第二天，李世民對老爹說：「如今盜賊（起義軍）遍布天下，大人受詔討賊，可是征討得盡嗎？即使討盡盜賊，功勞太高，反而更處在危險地位。」

這番話跟「彼可取而代」或「大丈夫當如是」的豪語不同，跟「劉氏當興」的讖言也不同，前者都是爭天下，而李世民的意思帶有「楊廣不行，換人做做看」的意思，聽在關隴集團核心世家的李淵耳裡，還滿合理的（北周、隋都是關隴集團換人做）。

那是李世民起兵的心態，他後來能夠在戰亂以及兵變之後快速穩定局面，其實受益於他屬於關隴集團核心分子，因此能夠順利延續政府行政。然而，他能夠建立貞觀之治，是因為他時時以隋煬帝為借鑑。可以說，沒有隋煬帝就不會有唐朝，而由於唐太宗君臣鑒戒，沒有隋煬帝就沒有唐太宗。

2、隋失其鹿——李淵舉兵入關中

隋煬帝驕奢縱慾耗盡國力，但造成天下大亂的直接原因則是三次東征高句麗，而他之所以要征伐高句麗，卻是起因於面子問題。

隋煬帝好大喜功，更喜歡「四夷賓服」的感覺，他巡行榆林（今內蒙境內）時，親臨突厥啟民可汗的御帳，啟民「奉觴上壽（舉杯敬酒並朗聲致賀辭）」，並報告「高句麗使者正在我這兒」，於是引高句麗使者晉見煬帝。

煬帝頒詔：「明年我將前往涿郡（今河北涿州市），你回去告訴你們國王前來朝見，不必驚慌，我接待他的禮儀將比照啟民可汗。如果他不來，我就率領啟民可汗到你們國土巡視。」這番宣示的結果，卻是高句麗開始減少進貢。於是煬帝決定出兵征伐。

隔年，煬帝帶著整個政府進駐涿郡，下令限期建造軍艦三百艘，步兵則全國總動員，兵馬、器械、糧草都往涿郡集結，大小船隻前後相接一千餘里。道路上始終維持十萬人行軍，日夜不斷，民伕在途中死亡不計其數，路旁屍體層層相疊——大軍尚未開動，天下卻已經騷動。

最先聚眾造反的，是一個名叫王薄的人，自稱「知世郎」（意思是看透世情），他作了一首歌謠〈毋向遼東浪死歌〉傳唱，吸引大批逃避兵役、差役的人前往投奔。各地變民隨之蠭起，大小股不計其數，人數最多高達萬人。隋煬帝下令郡縣追捕逃兵，捕到即就地斬首，事態甫稍稍平息。這一梯次變民沒被剿滅的，只剩下後來稱王的竇建德。

隋煬帝沒把變民當一回事，大軍分二十四路出發，兩個月後才在遼水（今遼河）會師，煬帝帶著突厥曷薩那可汗與高昌國王一同渡河觀戰——以為他們會心生畏懼，但僅徒令他們對中國心生戒懼而已。如此將戰爭當兒戲的態度，當然不會順利，四個月後，隋軍遭到重大挫折，潰敗奔逃回到遼東，當初三十萬五千人渡過遼水，只剩二千七百人回來！

隔年，再度全國總動員征伐高句麗，同時各地突然間民變蠭起，可是隋煬帝只當那是地方上的盜賊，大軍仍然渡過遼水。而這一波民變跟上一波同樣不堪官軍一擊，齊郡（今山東濟南市）郡丞張須陀「剿匪」捷報頻傳，隋煬帝命畫師將戰陣實況繪成圖畫，送到前線觀賞。

不怕民變，可是有一樁叛變讓隋煬帝害怕了：楊玄感兵變。

楊玄感的父親楊素在隋文帝時戰功彪炳，曾經權傾一時，更是隋煬帝爭奪太子最大助力。可是隋煬帝即位後，楊素態度倨傲，他死時，隋煬帝對親近侍從說：「楊素若不死，終當夷族（全族誅滅）。」而隋煬帝在一、二次出征高句麗中間，殺了另一名幫他奪嫡的功臣張衡，使得楊玄感充滿危機感。他在東征行動中負責監督後勤輜重運輸，於是集結運輸工八千人，鼓動他們奮起抗暴，並召來好朋友李密。李密的曾祖父李弼是西魏八柱國之一，當然是關隴集團的官二代成員，由於隋煬帝不喜歡他，所以辭官專心讀書，可是楊素很器重他，要楊玄感跟李密多交往。

李密到了，楊玄感請他獻策。

李密說：「你親自率領大軍長驅直入，占領薊城（今北京），奪取臨榆（今山海關），扼住東征軍的咽喉，切斷他的歸路。高句麗聽到消息，一定全力反撲，東征軍頂多十天半月就會崩潰，不必流血就可以擒獲他（隋煬帝），這是上策。」

楊玄感說：「你講講中策。」

李密的中策是直取長安，安撫士民，據守險要，徐圖進取。

楊玄感又問：「你的下策是什麼？」

李密建議襲取東都洛陽，號召四方——楊玄感採用下策，獲各路響應，卻攻不下洛陽。

東征大軍圍攻遼東城，用盡方法都攻不下來，這時楊玄感兵變消息傳來，隋煬帝聽說貴族大官的子弟很多都投靠楊玄感，感到焦慮。秘密召集各路將領，下令撤退，所有軍用物資、攻城器械、營壘帳篷一律保持原狀，也就是全部捨棄給敵人。頓時軍心惶恐，軍紀渙散，行軍不成行列，士卒紛紛逃亡。高句麗軍隊發覺有異，卻怕是隋軍詐術，兩天後才敢尾追，落後未能渡過遼水的數千軍隊，被高句麗軍全數屠殺。

【覘】

隋煬帝不怕民變，卻怕楊玄感叛變。因為他打出生就活在關隴集團中，而且關隴集團所向無敵——滅北齊、陳，設計讓突厥分裂後臣服，吐谷渾戰敗後遠徙，調突厥部隊擊敗契丹，派將領渡海征服流求（一說是今台灣）……。所以，當他聽說關隴集團的子弟都靠向楊玄感，才開始害怕。

東征大軍慘敗，可是楊玄感仍不敵隋朝軍隊（畢竟他只是採納「下策」的材料），最終兵敗身死。但是經此一巨變，隋朝已經無力控制民變，各地變民首領甚至稱王稱帝，可是隋煬帝仍然發動第三次東征高句麗。這一次，由於天下已經大亂，各郡動員的軍隊很多無法準時報到，但是高句麗王國也因連年戰爭而疲憊困苦，高句麗王請求投降。隋煬帝得意洋洋的凱旋回到東都洛陽，這才開始討論徵調各地軍隊鎮壓變民，但是大局已經失控。而隋煬帝本人仍醉心於享樂，下令打造龍舟，帶領整個朝廷南下江都（今江蘇揚州市），所有勸諫者都被斬首。

朝廷離開洛陽，中原一帶旋即進入群雄割據狀態。其中，集結在瓦崗（今河南滑縣）的翟讓吸收了單雄信、徐世勣、王伯當等英雄豪傑。同時，楊玄感兵敗後逃亡的李密也到了中原一帶，來往於變民團體之間，他觀察認為翟讓最有潛力，於是透過王伯當跟翟讓見面，提出戰略戰術建議，翟讓有些採納有些不採納。直到隋朝政府軍「剿匪第一名將」張須陀打到瓦崗，翟讓膽怯想要避其鋒銳，李密勸他抵抗，並且設下伏兵，張須陀陣亡，從此瓦崗軍稱霸中原，翟讓自知不如李密，將指揮權交出，李密漸漸成為中原變民軍盟主，勢力範圍涵蓋「趙魏以南，江淮以北」。此時，隋煬帝還在江都醉生夢死，下令京師長安由代王楊侑留守，東都洛陽則由越王楊侗留守。

除了兩京之外，其次重要的是太原（今山西太原市），那裡有一個晉陽離宮，也是北方防衛突厥的軍事重鎮，隋煬帝派他的表兄弟唐公李淵為太原留守。晉陽宮宮監裴寂跟晉陽縣令劉文靜住在一起，每天看見城上燃烽火傳消息，心中擔憂時局。劉文靜跟裴寂相中了李淵的二兒子李世民，認為他兼有劉邦與曹操的特質。後來李密謀反，劉文靜因與李密有姻親關係遭到扣押，囚禁在太原監獄。李世民前去探望時，劉文靜抓住機會試探，說：「天下大亂，除非有劉邦、劉秀那樣的才能，不能安定。」

李世民說：「你怎麼知道沒有？只不過人們不知道罷了！」兩人於是開始討論安定天下的大計。

【原典精華】

（晉陽令劉文靜）謂寂曰：「（李世民）此非常人，豁達類漢高，神武同魏祖，年雖少，命世才也。」

……文靜曰：「天下大亂，非高、光之才，不能定也。」世民曰：「安知其無，但人不識耳。」（註：「高」指漢高祖劉邦，「光」指東漢光武帝劉秀。）

——《資治通鑑・隋紀七》

李世民跟劉文靜又拉裴寂加入，裴寂將晉陽宮中美女私下送進李淵寢室，然後有一天，兩人一同喝酒，裴寂對李淵說：「你家二郎暗中蓄養人馬，打算創立大業，所以我們出此計策（讓李淵犯下死罪）。大家已經同心，你意下如何？」

李淵說：「我也知道他有此想法，事已至此，還有什麼好說的，都聽他的吧！」但仍然遲遲不發動。

【覘】

歷史對李淵的評價，多半認為他初無大志且優柔寡斷，可是看這一番對話，李淵知道李世民在進行「大事」，卻從未阻止，連勸說或暗示、警告都沒有，顯示他內心不是沒有取隋朝天下而代之的想法。而關隴集團從宇文氏篡西魏到楊堅篡北周，事實上有著「禪讓」的傳統，也就是強者取代弱者理所當然。

李淵遲遲不做決定，事後看起來，應該是顧慮到老大李建成和老四李元吉，當時這兩個兒子還在河東老家的緣故。

後來，變民首領劉武周攻陷汾陽宮，屬太原留守轄區。李世民警告老爸：「您是留守，居然讓盜匪進入離宮，若不早定大計，災禍即將臨頭。」

李淵於是集合諸將，對大家說：「劉武周入據汾陽宮，我們不能阻止，一旦問罪，必定全家屠滅，如何是好？」他當下宣布：立即擴充兵力，以奪回汾陽宮。隨即李世民、劉文靜等親信開始四處招兵買馬，同時召回李建成、李元吉和女婿柴紹。兩位副留守王威、高君雅對此起了疑心，李淵先下手為強，逮捕王、高二人，集結軍隊開往長安，宣稱擁護代王楊侑。

楊侑當然明白李淵是造反，便派將領宋老生駐守霍邑（今山西霍縣）。但因遇上大雨連綿，唐軍無法向前推進，派人回太原運糧也久久未返，又傳言劉武周襲擊晉陽，李淵想要返回太原，裴寂等人贊成，李世民反對，並在老爸帳外哭了一夜，使得李淵回心轉意。

等到天氣放晴，唐軍進攻霍邑，可是宋老生堅不出戰。李淵派人到陣前叫罵，宋老生怒不可遏，開城出戰，衝垮了唐軍正面陣地，唐軍向後退卻時，李建成亂軍中墜馬，情勢對唐軍不利。這時，李世民率領數百騎兵突擊宋老生背後，手刃數十人，兩把刀都砍出缺口，鮮血沾滿衣袖，甩血再戰，隋軍剎時崩潰，宋老生陣亡，唐軍攻克霍邑——這就是有名的霍邑之戰，也是李世民揚名立萬的一戰。

之後，唐軍未再遭遇像樣的抵抗，順利進入長安。李淵準備了法駕（皇帝儀隊）迎接代王楊侑到大殿登基，尊楊廣為太上皇，晉封李淵為唐王、大丞相、都督內外諸軍事，文武大權一把抓。

【贊】

唐朝的歷史自此展開，李世民從暗中準備到促成起義，然後在霍邑打第一仗、立第一功，厥功至偉。

當時的情勢：隋煬帝遠在江都，雖然對大局已毫無力量，但皇帝畢竟還是皇帝；中原一帶，瓦崗軍李密聲勢如日中天，儼然已經氣吞天下，可是東都洛陽還在堅守中，李密與王世充互有勝負；唐軍雖然控制了關中，但是周圍強敵環伺，最強大的是「漢帝」劉武周在北面、「秦帝」薛舉在西面，唐國必須收拾這兩個強敵，才有條件東向爭天下。簡單說，接下去的隋唐逐鹿大戲有三個主要舞台：江都、中原和關中，而李世民將逐步成為主角。

3、用兵如神——削平河北群雄

打破局面的事件是江都兵變——隋煬帝遭弒。

隋煬帝到了江都之後，變得喜怒無常，卻又殘酷暴虐。百官不敢有異聲，長安帶去的軍隊卻軍心不穩，士卒私下談論逃亡回關中。隋煬帝本人完全不在乎，還會在引鏡自照時，自言：「好頭顱，誰當斫之？」

終於，驍果（御林軍）將領司馬德戡等發動兵變，縊殺隋煬帝，推宇文化及為大丞相，將隋煬帝的兒子通通殺掉，立秦王楊浩（煬帝姪兒）為帝。之後，宇文化及帶領傀儡皇帝、流浪政府與十萬大軍離開江都，目標是北上回到洛陽——這十萬軍隊是隋軍精銳，大軍北上當然打亂了中原的局勢，此處暫且按下不表。

煬帝死訊傳到洛陽，洛陽守城總指揮王世充馬上立越王楊侗為帝，但實質上是王世充的傀儡；傳到長安，傀儡皇帝楊侑下詔賜唐王李淵九錫，李淵推讓不受。三個月後，楊侑將皇帝「禪讓」給李淵。李淵即位後，立李建成為太子，李世民為秦王，李元吉為齊王。關中雖然換了塊新招牌（唐取代隋），但實質沒變，仍然由關隴集團當家，而外在形勢也沒變——西邊和北邊強敵窺伺，而且背後都是突厥在撐腰。

在李淵即位之前，割據隴右的秦帝薛舉曾經聯絡割據朔方（今陝北內蒙一帶）的梁帝梁師都，說服突厥啟民可汗一同進攻關中。李淵得到情報，派使節以厚重禮物賄賂突厥，破壞了那次「西北聯軍攻唐」的陰謀。李淵即位後，薛舉攻擊涇州（今甘肅涇川縣），李淵派秦王李世民率軍抵抗。李世民到了前線，卻感染瘧疾，臥病在床，囑咐各軍深溝高壘，不許出戰。但是兩位重要幕僚殷開山、劉文靜卻刻意展示軍威，被薛舉奇襲得逞，大軍敗回長安，劉文靜與殷開山因此被開除軍籍。

秦帝薛舉正想乘勝追擊，卻突然病逝，兒子薛仁果（也稱薛仁杲）繼位。薛仁果天生神力，善於騎射，軍中號稱「萬人敵」，是一員猛將，但卻生性「賊悍」，殘忍無比。他當太子的時候，跟很多將領不和，登上皇帝寶座後，很多將領內心猜疑恐懼。

李世民再次領軍攻擊西秦，兩軍又在涇州對上。李世民仍然關閉營壘，等待薛仁果糧食吃光，下令「膽敢請求攻擊者，斬」。對峙六十餘日後，西秦軍兩名將領向唐軍投誠，李世民於是發動戰術：先派出一支軍隊進駐淺水原，做為誘餌，西秦大將宗羅睺大喜，立刻傾巢而出。

淺水原唐軍堅守數日，李世民估計敵方已經氣衰，下令主力出擊。先頭部隊佯為不敵，引秦軍見獵心喜追擊，李世民大軍從側翼突擊，他本人領驍騎數十人身先士卒攻入敵陣，往來廝殺，對宗羅睺軍形成內外夾擊，宗軍潰敗。李世民率騎兵追擊，將領竇軌（李淵竇皇后的弟弟）拉住馬韁苦勸，李世民說：「現在是『破竹』之勢，只要繼續追擊，必將迎刃而解，機不可失，舅父請勿多言。」

追到涇州城，薛仁果在城下列陣，李世民在涇水畔紮營，西秦軍兩名將領就在陣前向唐軍投降，薛仁果恐懼撤退回城中。當晚，守軍將士爭相縋城投降，薛仁果無計可施，隔天出城投降，後來在長安城斬首示眾。

李世民回到長安之後五個月，北方的定楊可汗劉武周大軍包圍晉陽，留守的李元吉將他擊退，由於晉陽是唐國的「龍興之地」，李淵決定要徹底解決劉武周這個背上芒刺。可是，他派出的軍隊卻接連被劉武周手下大將宋金剛擊敗，甚至唐國的起義元勛裴寂率領大軍前往，也被殺得片甲不留，裴寂單人匹馬奔了一日一夜，逃回晉州（今山西臨汾縣）。

李元吉聽說劉武周大軍進逼，對司馬（軍政首席幕僚）劉德威說：「你率領老弱守城，我率領精銳出戰。」然後帶著妻妾，在精銳騎兵保護下，奔回長安。當劉武周大軍抵達，晉陽豪傑打開城門迎接，劉武周遷都晉陽，接著宋金剛攻陷晉州。一時間，河東地區（今山西省）的隋朝殘餘勢力，以及據地稱雄變民，都望風投靠劉武周。

這時，李世民主動請纓，李淵集結關中所有軍隊，交給李世民去對抗劉武周。李世民趁黃河結冰正堅，踏冰渡河，跟宋金剛對峙，發出號召文告，徵集附近民糧，主力則堅壁不出，消耗宋金剛的銳氣。

這段期間發生了一個小插曲：李世民帶騎兵到高處偵察敵情，騎兵散開，李世民身邊只留一名隨從，兩人累了，居然雙雙入睡。這時，敵軍從四面圍了上來，李世民並未警醒，正巧一條蛇追趕一隻老鼠，老鼠逃竄，撞到隨從騎兵的臉，騎兵驚醒，兩人立即躍上馬背，狂奔百餘步後，敵人追上來，李世民翻身射箭，一箭射殺了最領先那員敵軍將領，追兵於是撤退。

唐軍將領都要求跟宋金剛決戰，李世民力排眾議，說：「定楊可汗的精銳之師全部在這裡，可是宋金剛的糧草全靠劫掠，難以持久。所以他盼望速戰速決，而我們偏偏堅壁不戰，等到他糧盡計絕，自然會逃走。現在應該等待機會，不應該尋求決戰。」

兩軍對峙五個月，宋金剛糧盡，向北撤退，李世民展開追擊。唐軍接連得勝，一日一夜推進二百餘里，部將劉弘基拉住李世民的馬韁，勸阻說：「勝利功勞已經夠大，不應該再涉險深入，等待大軍集結，為時未晚。」

李世民說：「功勞難以建立，卻容易喪失。宋金剛軍心崩離，一定要趁現在將他一舉擊潰。如果讓他完成戒備，就此失去機會。」然後揚鞭催馬，繼續追擊。

將士們不敢再說飢餓疲勞，終於在雀鼠谷（今山西靈石縣汾水河谷）追上宋金剛主力，一天之內，八次會戰都得勝，斬殺、俘虜數萬人。此時宋金剛軍隊還有二萬人，雙方在陝州（今河南陝縣）城外再做決戰，李世民命李世勣先行出擊，然後做計畫性退卻；宋金剛乘勢進擊，李世民的精銳騎兵在背後突擊，宋金剛大敗，輕騎逃走。

劉武周聽說宋金剛兵敗，大為驚恐，放棄晉陽，逃奔突厥。宋金剛收拾殘兵，將士卻已經不肯接受命令，宋金剛也只好逃奔突厥。兩人後來都被突厥誅殺。而劉武周潰敗後，突厥處羅可汗抵達晉陽，聲稱幫助唐軍守衛州城，在每一個險要處留下軍隊後回防。

在李世民這兩次軍事勝利之間，中原局勢發生了顛覆性的變化，李密和宇文化及先後敗亡。

李密聲勢最高的時候，時人多半認為天下是李密的了，很多將領甚至勸他稱帝。李淵晉陽起兵時，派人聯絡李密，李密以盟主口吻回信，邀李淵到河內（今河南沁陽縣）一同盟誓。李淵心裡偷笑，命人起草回信，表示願意「攀龍鱗，附鳳翼」，唯恐李密不自大！

李密的勢力膨脹，最大因素是他開倉放糧，聚集了百萬飢餓的人民，也成為瓦崗軍的兵源。但是洛口倉既沒有設立警衛，也沒有官員負責，任何人都可以進入搬運糧食，且沒有數量限制。道路上遺留的米厚達數寸，任車馬踐踏；洛水兩岸形成了白色沙灘，因為百姓洗米時不愛惜。李密對此卻反而沾沾自喜，認為達到了孔子說的「足食，足兵，民信之矣」境界。

原本瓦崗軍一再擊敗洛陽守軍（王世充），但這時宇文化及率領的流浪政府與十萬大軍來到了中原，這一支原本就是隋軍精銳之師，又是一心想回家的軍隊，《孫子兵法》說「歸師勿遏」，李密就剛好擋在他們回家的路上。幾番衝撞之後，宇文化及沒贏，轉向繞道河北，後來被竇建德擊敗身死。可是，李密卻因一次戰術疏忽，被王世充擊敗，傷了元氣。他不選擇前往黎陽（今河南濬縣），徐圖捲土重來，而是前往關中投靠李淵。

【贊】

當時鎮守黎陽地區的是徐世勣，也就是小說中「瓦崗諸葛亮徐茂公」的藍本，他最先勸翟讓將指揮權讓給李密，也是他建議李密占據洛口倉開倉放糧。可是他在瓦崗軍聲勢高漲時「諷諫」李密，就被「外放」去鎮守黎陽——這正是李密沒選擇去黎陽的原因，覺得沒面子！

李密出身關隴集團的「八柱國」世家，豪門子弟常常把面子看得比什麼都重要。對比一下，劉邦兩次奪取韓信兵權，而能在敗給項羽之後重振聲勢，就明白李密不能「得天命」有其原因。

李密投靠李淵，是心理上覺得比較安全（同為「八柱國」後代）。但事實上，對他講義氣的是徐世勣：徐世勣將黎陽地區的土地、兵馬、財賦造冊送去長安，由李密呈獻給李淵！李淵非但不生徐世勣的氣，反而賜姓李，此後就稱他「李世勣」（前文提及李世勣參與李世民與宋金剛之戰）。

由對待徐世勣的不同態度，可看出李密不如李淵；再比較李密跟李世民，同為關隴集團豪族子弟，對待將領、重視軍糧、身先士卒，李密都差很遠。

終於，李密不能忍受寄人籬下的日子，又想逃出長安，結果被追捕誅殺。而在瓦崗軍潰散後，王世充接受傀儡皇帝楊侗的「禪讓」，國號鄭，中原成為他的勢力範圍；另外，擊殺宇文化及的竇建德則在河北崛起，自稱夏王。黃河以北地區遂成為唐帝李淵、鄭帝王世充和夏王竇建德三雄競逐的局面。

李世民消滅劉武周後，李淵命令李世民領軍進攻洛陽。唐軍五萬兵力包圍洛陽。李世民派出軍隊，切斷洛陽所有糧食補給線，河南地區州縣紛紛投降唐軍，洛陽遂成為孤島。然而，洛陽城卻意外的堅強：鄭軍擁有長射程巨砲，可以發射五十斤巨石，射程二百步；又有可以連續發射八箭的強弩，射程五百步；在王世充嚴密監控叛逃與靈活調度守城之下，十幾天不能攻克。

有將領提出撤退的建議，李世民不准，下令：「不攻下洛陽，永不回軍，膽敢提議班師者，斬！」洛陽城裡缺糧食，米、鹽價格飆漲，古董珍寶價格低賤如塵土。人口原本有三萬家，只剩不到三千家，可是城防依然堅固。

王世充派人向夏王竇建德求援，他倆原本反目，但竇建德認為，唐軍若滅了鄭國，夏國必定唇亡齒寒，所以答應王世充出兵。夏軍來勢洶洶，唐軍將領意見分為兩派：一派主張「避其鋒銳」，認為若受到內外夾擊，情勢不妙；另一派認為，王世充已經窮途末路，竇建德正好送上門來，只要擊敗竇建德，王世充一定投降。

李世民做出決定：留屈突通幫助三弟李元吉繼續包圍洛陽城，自己率驍果（李世民親自訓練、親自帶領的精銳騎兵，一律黑衣黑甲，作戰不離左右）三千五百騎，進入虎牢關，再度使用他最擅長的「疲敵」作戰：夏軍對虎牢關發動攻城，一個多月無法取勝，後勤補給線卻不斷被唐軍騷擾、抄掠。然後派細作散發消息：「唐軍的戰馬草料已經吃完，只得將馬匹送到黃河北岸放牧」，並且真的留一千餘匹戰馬在北岸吃草做為誘餌。

竇建德中計了，大軍盡出，連營二十里，戰鼓聲震天。唐軍按兵不動，夏軍列陣從辰時到午時（現代時鐘七時到十三時），士卒飢餓疲倦交加，又相互爭奪飲水，集體情緒不穩，有撤退的跡象。這時李世民下令出擊，自己親率騎兵直搗夏軍陣營，貫穿敵陣後，主力軍到達，前後夾擊反覆衝殺，夏軍崩潰逃竄，唐軍追擊三十里，殺三千餘人，竇建德墜馬被生擒。夏軍潰散，洛陽城守將絕望，獻城投降。王世充換穿白衣，率領太子及百官二千餘人到唐軍營門投降。

李世民對趴在地上、汗流浹背的王世充說：「你一向拿我當童子看，今天見了童子，為何這般恭敬啊！」

【贊】

「天命」的運氣成分在本章很戲劇化：李世民因一隻老鼠而免於被定楊軍俘

虜，但竇建德卻因馬失前蹄而被俘。

可是，「天命」的非運氣成分也很尖銳：除了前文跟李密的比較之外，李世民二十歲出頭，卻能將老謀深算的王世充「窒伏」——王世充稱不上能戰，卻能夠一再拖垮來犯的敵人，包括宇文化及和李密，但李世民卻能料準，一旦竇建德兵敗，王世充一定投降。

當然，李世民用兵如神的功力更令人擊節讚賞，包括宋老生、薛仁果、宋金剛、竇建德等勇將，都敗在他的手下。

而真正讓他「得天命」的特質，在他進入洛陽後展現：下令撤除端門樓、焚燒乾陽殿、摧毀各個門樓，那些都是隋煬帝奢侈縱慾的象徵——執行轉型正義，而不流連宮室繁華。

虎牢之戰後，黃河以北大致都納入唐國版圖。李世民凱旋返抵長安的陣仗：他本人身披黃金甲，李元吉和李世勣等二十五位將領緊隨其後，鐵騎萬匹、甲士三萬人，前後部鼓吹（軍樂隊），俘虜（竇建德、王世充）和東都帶回來的御輦器物向太廟呈獻，皇帝李淵親自擺酒勞軍。如此陣仗，卻促發了皇家骨肉相殘。

4、骨肉喋血——玄武門兵變

因著李世民所向皆捷，唐國幾乎已經席捲了黃河以北地方，功勞著實太大，李淵此時加給李世民一個從前沒有的勛號「天策上將」，宣布他的位置在太子之下，所有王公之上——那其實只是一個虛名，因為李世民原本就在其他諸王之上。

然而，李世民的秦王府卻有著其他諸王無法比擬的實力——人才鼎盛，而這些人才是經過起義以來歷次行動所累積：攻下長安得到李靖，圍攻洛陽得到秦叔寶（秦瓊）、程知節（程咬金），擊敗竇建德得到尉遲敬德（尉遲恭），以及隨從征討洛陽的李世勣；文臣則有房玄齡、杜如晦。

李世民的戰功加上秦王府的實力，讓太子李建成倍感威脅，同時也讓老爸李淵覺得不能讓李世民繼續「膨脹」。

因此，當竇建德的餘眾再起，擁劉黑闥為漢王，河北震動時，李淵派李元吉掛帥征剿，而沒讓李世民去。偏偏李元吉不爭氣，唐軍節節敗退，最後還是得李世民出馬。

李世民先打了一場勝仗，再使出老招，開始跟劉黑闥對峙，堅守不戰兩個月，只派出特遣隊騷擾，並且切斷漢軍補給線，最後打聽到漢軍當晚舉行酒宴，由李世勣領軍突擊，漢軍大將高君雅落馬陣亡。

然後跟劉黑闥主力對決，事先派人在洺水上游築壩，熱戰正酣時決開堤防，雙方主力軍都被淹沒。李世民和主要將領提前抽身離開現場，但劉黑闥也發現有異而脫逃。那一仗，漢軍被淹、被殺甚眾，劉黑闥逃奔突厥，後來向突厥可汗借兵反攻。

可是，李淵卻在洺水之役後召回李世民，將指揮權交給李元吉。劉黑闥反攻，由於唐軍將領間意見不合，李元吉無法節制，唐軍節節敗退，劉黑闥旬月之間盡復竇建德的夏國故地。李元吉不敢前進。此時，太子洗馬（近身官員）魏徵建議李建成，爭取領軍出征河北，李淵批准，並授權陝晉與河北、河南所有軍隊都歸他指揮節制。終於，唐軍在號令、步調齊一之後，逐漸收復城池，劉黑闥糧盡潰敗被擒，李建成將他斬首。

李建成立此大功，回到長安，兄弟之間的鬥爭開始表面化，而大力慫恿李建成除掉李世民的是李元吉，他甚至在自己的齊王府暗藏刺客，想要趁宴席時刺殺李世民。可是當時李淵也在席間，李建成臨時制止。

李元吉生氣的說：「我可都是為了你，對我自己有什麼好處？」

【覘】

諸多跡象顯示，李建成其實並不那麼積極想要除掉李世民，畢竟他已經是太子，站在「嫡長制」的優勢地位。反而是李元吉不斷慫恿，甚至說出「為了大哥，我不辭親自動手」。

李元吉為什麼那麼「忠於」大哥，而痛恨二哥呢？應該不只是嫉妒二哥而已。

關隴集團從北周篡西魏，到隋篡北周，之後楊廣奪嫡取代老哥的太子位子，集團中的忠君觀念稀薄，更談不上尊重嫡長制度。李元吉有爭取太子的想法，可是他排行老四，前面還有個戰功蓋世的二哥，唯一機會就是藉大哥之手除去二哥，最好他們兩敗俱傷，這應該才是李元吉積極幫助李建成的理由。

很難說，如果李建成始終採取保守策略，謹慎小心不犯錯，李世民有沒有理由發動兵變。

然後發生了楊文幹案。

楊文幹的官位是慶州（今甘肅慶陽市及寧夏回族自治區一帶）都督，算不得什麼角色。那一次，李淵帶著李世民、李元吉上長安北方的仁智宮避暑，由李建成留守長安主持政務。李建成下令內府郎將爾朱煥與校尉橋公山運送鎧甲去慶州，這兩人走到半途，向皇帝告發「太子指使楊文幹舉兵」。與此同時，一個名叫杜鳳舉的人（背景不詳）也到仁智宮向皇帝舉發。李淵大怒，可是不動聲色，用一個不相干的理由，下詔將李建成召來行宮。

可是李建成已經得到內線情報，大為恐懼，不知如何是好。有幕僚建議他占據京師舉兵（公然叛變），也有幕僚建議他輕車簡從去仁智宮請罪，李建成採納了後者建議，只帶了十餘名騎兵衛士進入仁智宮。見到皇帝老爸，叩頭謝罪，撲倒在地，幾乎氣絕。

李淵怒氣不歇，當晚將李建成留置在宮中地上，嚴加看守，只給他麥飯吃。另外派人去召喚楊文幹，楊文幹得悉情報，就起兵造反了。

李淵一面派人前往平亂，同時找來李世民商討軍情。

李世民說：「楊文幹不成大患，我研判他會被部下誅殺，即使不會，派個將領去平亂就行了。」

李淵說：「不，楊文幹這件事關係到建成，（太子造反）恐怕會有很多人附和，你應該自己去一趟，回來後讓你當太子。我不會像隋文帝那樣，害死自己的兒子（楊勇），我會封他為蜀王。巴蜀軍隊脆弱，你盡量保全他的性命，如果將來他不服從你，你要制服他也很容易！」

【覘】

這是李淵第二次對李世民說要讓他當太子，第一次是晉陽起義之後。那一次他說：「大事如果成功，都是你的功勞，當然立你為太子。」

但同時看出李淵的心情矛盾：在晉陽時他想不想當皇帝？不想才怪。關隴集團各家族之間，由於相互通婚而關係密切，發生篡奪反正都是「自己人」，各家既得利益不變。因此而產生兩種思考：一是「誰當皇帝都一樣」，一是「他撐不住場面，那我來當好了」。

之前的楊玄感跟李密屬於後者，跟項羽說「彼可取而代也」相近；李淵則屬於前者，爵位已經是唐公，沒絕對把握不冒險。所以，李淵看著隋朝天下糜爛，仍然只能「悶騷」，而撩撥這股「悶騷」化為行動的是李世民，泰半強敵也是李世民平定，天下幾乎可以說是李世民打下來的。可是從國家安定的角度想，嫡長制還是比較能夠維穩，隋文帝楊堅廢太子把國家搞垮的前車之鑑，更如在眼前。

同時，李建成輕車簡從來到仁智宮，也顯示他心裡真的沒有鬼——或許楊文幹叛變並不是李建成指使的。

因此，李淵的態度變得很快，李世民出發沒多久，李淵命李建成再回京師留守，不再追究謀反之事，只責備兄弟不睦，並且同時處分了太子宮和天策府幾位官員。（史書並未記載李淵獲得什麼新的事證，而推翻太子謀反的指控。）

楊文幹事件之後，又發生了「胡馬事件」。

李淵到長安城南打獵，李建成、李世民、李元吉都隨同。李建成有一匹胡馬非常強壯，可是奔跑時常會跌跤，他將胡馬交給李世民，說：「此馬能躍過數丈寬的溝澗，你精於騎術，試試看。」

李世民騎上胡馬，追逐野鹿，果然蹶倒。他從馬背上躍下數步，等馬站起，再騎上追逐，如此三次。

李世民回頭對宇文士及說：「他想害我，死生有命，哪能傷得到我！」

李建成聽說此語，反而透過李淵的後宮妃嬪打小報告：「秦王宣稱『我有天命，怎麼可能輕易死掉』。」

李淵大怒，將三兄弟都叫進宮中，責備李世民：「天子自有天命，不是用智力可以強求的，你幹嘛那麼急切！」

李世民脫下冠帽叩頭，請求交付司法調查真相。

當時李淵怒氣未解，卻剛巧有戰報進來，說突厥入侵。李淵瞬間改變臉色，出言慰勞李世民，父子一同商討軍事。之後，派李世民、李元吉率軍出征突厥。

之後，又發生毒酒事件。

李建成請李世民參加夜宴，李世民飲酒後，突然心痛如絞，嘔血數升。

李淵得到消息，親自趕到西宮（李世民住處）探問，對李世民說：「最先提出偉大計畫的是你，削平海內的也是你，我曾經要立你為太子，是你堅決辭讓。而建成先當（唐王）世子，再當太子，時日已久，我不忍心剝奪他的地位。如今看你們兄弟不能相容，同時留在京師必然出事。我想派你去洛陽，自陝州（今河南陝縣）以東都由你作主，並准許你使用天子旌旗。」

李世民將要出發了，李建成和李元吉想想不對，如果讓李世民掌握半壁江山，將來肯定不是他的對手，於是發動朝臣與嬪妃向李淵陳訴利害，李淵遂又收回成命。

李建成和李元吉計畫翦除李世民的羽翼，一方面推薦房玄齡、杜如晦離開京師擔任地方官，另一方面藉突厥入侵，李建成建議由李元吉代替李世民出征，但是調用秦王府的尉遲敬德、程知節、秦叔寶、段志玄等主要將領隨軍。這個動作讓秦王府這邊的危機意識拉到最高點，所有人都主張先下手為強。

李世民命人卜卦，幕僚張公謹剛好從外面進來，抓起龜殼投到地上，說：「卜以決疑，如今事態明確，毫無疑問，還卜什麼卦！如果卜卦結果不吉，難道就停止了嗎？」李世民於是下決心動手。

兩天後，天見異象「太白經天」：太白就是金星，平常日出後星斗隱去，那一天金星卻在正午時看見。太史令傅奕密奏：「太白出現在『秦州』（古人將天空依中國的九州分界），秦王當有天下。」

李淵將這份密奏給李世民看。

李世民當然知道傅奕是太子一黨，藉天象進讒，於是迅速提出反擊，向皇帝老爸告狀

「建成、元吉淫亂後宮」。

李淵大驚，告訴李世民：「明天大家當面對質問清楚，你最好早點來。」

【覘】

李世民這一記打中了要害：李淵本人「淫亂」過晉陽宮人（隋煬帝的女人），建成、元吉確實經常透過後宮嬪妃打世民的小報告，……難道真有姦情？遇到這類事情，李淵的處理模式是「大家當面講清楚」，而李世民完全清楚，這樣才可能讓李建成和李元吉同一時間出現在同一場合——顯然這是秦王陣營設想好的計謀，包括用淫亂後宮做題目，以及發動兵變的地點與程序，傅奕的密奏其實是「送上門來」。

第二天一早，李世民在玄武門設下伏兵（玄武門的守將顯然「剛好」是秦王系統）。果然李建成和李元吉一同出玄武門往海池——李淵約了宰相們在那裡集合，目的應該是當兄弟說清楚、講明白時，所有宰相都是見證人。

兩兄弟發覺情況不對，調轉馬頭想要奔回東宮（太子住東宮，那裡有李建成的軍隊），李世民一箭射死李建成，尉遲敬德射死李元吉，太子手下的將領率東宮、齊王府軍隊二千人攻打玄武門，負責守門的張公謹力大無窮，閉門抗拒。對方通不過，揚言要回頭攻擊秦王府，這時，尉遲敬德提著李建成與李元吉的人頭上城樓示眾，太子宮與齊王府軍隊於是一哄而散。

正在海池泛舟等待朝會的李淵，看見全副武裝的尉遲敬德直入宮殿，大驚，問：「你來幹嘛！」

尉遲敬德回覆：「太子與齊王作亂，秦王已將他們誅殺。恐怕驚動陛下，派我前來保駕。」

李淵問裴寂：「沒想到會這樣，該怎麼辦？」

蕭瑀跟陳叔達兩位親李世民的宰相立即進言：「建成、元吉既沒有參與起義行動，對廓清天下又沒太多功勞，如今秦王已經將他們討滅，秦王功蓋宇宙、率土歸心，陛下如果立他為太子，將國事交付給他，就不會再有事情了。」

李淵說：「說得好，這正是我的心願。」於是下令各軍停止戰鬥，全部接受秦王指揮，並召見李世民，摸頭安慰。

李世民跪在老爸面前，臉貼著胸「吮乳」，哭號久久不停。

李淵封李世民為皇太子，並下詔：「從現在起，有關軍國無論大小事，都由太子裁決，然後奏報。」

【贊】

儒家史學家總是認為，玄武門兵變是唐太宗道德上的瑕疵，不能避免禁門（宮城內門）喋血，至為可惜。

然而，這一場皇室骨肉相殘事實上無法避免，那是李世民成為太子的唯一途徑。史書對李建成和李元吉如何進讒，甚至設局陷害李世民，記載很多，可是對李世民如何對付哥哥、弟弟，卻只記載了玄武門事件，就好像足球賽只有臨門一腳，而沒有中間過程一樣突兀。

李淵如果事前知道會有這樣的事情發生，他肯定會將李世民「處理掉」，所以他對裴寂說「沒想到」，是真的沒想到。如今事情既然已經發生，而尉遲敬德能全副武裝進到他面前，那表示外面肯定完全在李世民控制之下，他只能識相的封李世民為太子，並且在一個月後宣布退位。

從人民的角度看，這個宮廷骨肉喋血事件的結果是好的，因為隨之而來的是貞觀之治，可能是中國人最幸福的時代；從民族的角度來看，也是好的，因為李世民後來成為「天可汗」，是中國人最風光的時代。

5、天可汗——中華夷狄，愛之如一

李世民登基第十六天，東突厥入寇關中，四天後大軍進抵長安城外渭水北岸，二十萬大軍列陣紮營，京師人心震動。

突厥頡利可汗派出使節晉見唐朝皇帝，誇言「百萬大軍今天已經到了」。唐太宗開口訓斥突厥使節：「我跟你們可汗曾經當面和解，我方餽贈金帛無以計數，可是你們可汗卻背叛盟約入侵。在我是問心無愧，可是你們怎能將恩德全部忘掉？我今天就先砍你腦袋！」嚇得使節一再懇求饒命，旁邊兩位僕射（實質宰相）也幫他求情，而唐太宗說：「我現在如果放他回去，對方一定以為我怕了，會更放肆。」便將使節囚禁起來。

突厥在南北朝時期崛起，縱橫於北方草原與沙漠地帶，隋文帝時採分化政策，維持北方無事。隋末天下大亂時期，突厥雖然分裂為東西二部，但東突厥卻是當時北方最強勢力，包括薛舉、劉武周、梁師都都向可汗俯首稱臣，也得到突厥兵援。李淵雖然沒有稱臣，卻不時納貢、買馬，而李世民本人曾經領軍跟頡利可汗作戰、媾和，所以有上述說法。

無論如何，對方已經兵臨城下，此時稱臣納貢肯定不是辦法，而李世民的對策是「心理突擊」。

原本緊閉的長安城門開啟，率先的是皇帝李世民本人，後面只跟了高士廉、房玄齡等六騎（都是宰相等級的文臣），徑往渭水便橋而來，隔著渭水跟頡利對話，指責他違背盟約。突厥人大驚，紛紛下馬遙拜。一會兒，唐軍相繼出現，旌甲遍野。

頡利見使節沒回來，唐太宗輕騎挺身而出，後面軍容頗盛，開始露出懼意。唐太宗下令諸軍稍稍後退布陣，獨自一人在前面跟頡利對話，頡利請求派使節談和，唐太宗允許，隨即回宮。

兩天後，唐太宗跟頡利可汗在便橋上斬白馬盟誓，突厥退兵。當然，唐朝給了很多金帛，讓突厥滿意的回去，但那也是唐朝對東突厥的最後一次屈辱。

【覘】

便橋上，左僕射蕭瑀曾經試圖攔阻皇帝涉險，唐太宗對他說：「突厥以為我們國家政治動盪（玄武門兵變，皇帝換人）不穩，才敢傾國而來。我如果閉門拒守，頡利一定會縱兵大掠，無法控制。所以我在態度上輕視他，又展示軍容表示不畏戰，心理上出其不意，和局就好談了。你看著吧！」

突厥退兵後，蕭瑀又問：「突厥請和時，諸將爭著請戰，陛下不許，是什麼道理？」唐太宗說：「我當然可以在他們撤退的路上發動突襲，可是國家沒安定，百姓還沒富足，現在不宜發動戰爭。姑且卷甲韜戈，等待時機。」

唐太宗的思考深遠：突厥得到金帛，滿意離去，此時發動伏兵突襲，當然容易成功，可是就此結下深仇，回去整軍經武再來，唐朝可就沒有安寧日子了。也就是說，李世民並非眼前過關就好，他一方面讓頡利輕忽，一方面準備雪恥反攻。

三年後，唐太宗派李靖和李勣（即徐世勣，先前賜姓李，改稱李世勣。李世民當了皇帝後，為避皇帝名諱而拿掉「世」字，改稱李勣）等率軍十餘萬討伐東突厥。

李靖率三千騎兵從馬邑（今山西朔縣）出塞，趁夜突襲定襄（今內蒙呼和浩特市所轄和林格爾縣），迅速攻破。頡利可汗完全沒料到這種狀況，說：「唐軍如果不是舉國動員，李靖豈敢孤軍深入到此！」急忙將牙帳（中央政府）北移。

李靖乘勝追擊，一連擊敗頡利可汗數陣，直追到陰山（河套平原的北方天然屏障）。頡利則一路撤退到鐵山（陰山之北的大漠南緣），部隊仍有數萬人，緊急派出使節前往長安，向唐太宗表達願意歸附，自己也願意入朝。唐太宗派鴻臚卿（掌管藩族事務）唐儉前往撫慰，同時下詔李靖率軍迎接頡利可汗。

李靖跟李勣率領的另一支遠征軍在白道（在今呼和浩特市東北）會師，李勣對李靖說：「頡利的實力仍強，如果被他穿過瀚海，遁走漠北，就永遠追不到了。如今欽差正在他那裡，他們的警戒一定鬆懈，如果以一萬精銳騎兵，攜帶二十天口糧，進行突襲，不用戰鬥就可以將頡利擒獲。」

李靖聽了他這番話，激動得握住他的手，說：「你這是跟韓信攻齊一樣的計謀啊！」（楚漢爭霸時，劉邦命韓信攻齊，同時又派酈食其去遊說齊王，齊王答應歸附而不備，遭韓信突擊，烹殺酈食其後逃亡。可是唐儉並未如酈食其一樣被「烹」，他可能猜到李靖會效法韓信，所以趁亂逃回。）

於是李靖利用大霧掩護，挺進到距離頡利可汗牙帳七里處才被發覺，突厥軍潰散，頡利騎一匹千里馬逃走，卻在磧口（進入沙漠的入口）被早就埋伏在那裡的唐軍擒獲，俘虜五萬餘人。經此一役，四夷君長推戴唐太宗為「天可汗」，意思是天下所有可汗的可汗，大唐天子行文西域諸國此後都鈐「天可汗」印記。

李世民決定永久解決東突厥問題，將東突厥投降的部落十萬餘口安置在塞內邊區，突厥諸酋長官拜五品以上者一百多人，突厥入居長安者近萬家。隨之而至的是四方使節與商人：唐朝國都長安大約是清末西安城緣的八倍大，先後來朝者四十八國。

【贊】

中國歷史上朝代性格最「外向」的當推唐朝，其實從隋朝就已經有很多西北民族到長安（隋時稱大興）經商通使，這也是「關隴集團」胡漢通婚造就的立國DNA。

頡利被押送到長安那一天，太上皇李淵召喚皇帝兒子、諸王、妃、公主及高級官員十餘人，在凌煙閣擺筵慶祝，「酒酣，上皇自彈琵琶，上起舞」——李淵會彈琵琶，李世民會跳胡舞，這在關隴集團裡應該是常見場面，而重點在於整個當權執政集團都非常包容多元文化。

當然，天可汗不可能全仗「以德服人」，武力才是最重要的後盾。

東突厥一蹶不振，草原上的空間迅速由鐵勒族薛延陀部填補，與唐朝時而合作、時而對抗，唐太宗命李勣討伐薛延陀，指示「降則撫之，叛則討之」，最終薛延陀一再兵敗後分裂，叛者敗亡被殺，降者率眾內附，薛延陀滅亡。

之後是吐谷渾（今青海），先後由段志玄、李靖、侯君集領軍討伐，擊敗不服的可汗慕容伏允，立一個傀儡政權慕容順，後來被吐蕃攻滅。

吐蕃是今天的西藏，唐太宗時吐蕃攻擊吐谷渾和党項諸羌（都在今青海），太宗先派侯君集討伐，然後採和親政策，文成公主嫁給當時的贊普（吐蕃王號）棄宗弄贊，維持了三十年和平。

在這些恩威並濟的「四夷」當中，值得多費些筆墨的是高昌。高昌在今天的新疆吐魯番，是西漢時期最早的屯田區，兩漢時都稱車師；五胡十六國時，北涼不敵北魏，將敦煌數萬漢族百姓強迫移民到高昌，趕走了車師政權，又經過多次政變和戰爭，城頭變換大王旗，轉變成為一個漢人王國（闞姓、張姓、高姓）；南北朝時麴氏為王，到唐太宗時，麴氏高昌已經有一百三十多年國祚。

貞觀年間，玄奘往印度取經，回到中國，唐太宗親自召見，並且以政府的力量幫助他翻譯佛經，當時長安城裡還有景教、祆教、摩尼教等外來宗教的寺院——這是題外話，但也不是：玄奘去印度時，並非如《西遊記》所寫，得到唐太宗的大力支持，反而是在西域得到高昌國王麴文泰的資助。麴文泰提供玄奘豐厚的金錢、馬匹、隨從小沙彌以及生活用品，乃至送給西突厥可汗的禮物。兩人更結為兄弟，相約玄奘學成歸來，必須在高昌停留三年，講經說法。

玄奘離開高昌後，西域的國際情勢卻發生了變化：西突厥統葉護可汗病逝，繼承人彼此不服，演成內戰。「天可汗」降詔要他們停戰，但事實上暗助其中一方，偏偏敵對方獲得勝利，而高昌跟勝利方站在同一線。唐太宗於是決定派出遠征軍，以維持「天可汗」的威信。侯君集率領的唐軍加上突厥兵與鐵勒兵總數約二十萬，高昌全國人口才三萬七千人，當聯軍穿過大戈壁，出現在磧口，麴文泰「憂懼不知所為」，發病而死——玄奘三年後才啟程回中國，沒能見到這位真正的「御兄」（《西遊記》裡的御兄是唐太宗）。

高昌新王麴智盛向侯君集投降，可是該怎麼善後？

魏徵建議唐太宗，讓麴智盛繼續當高昌王，可以減少國家的費用。可是唐太宗這次沒採納魏徵的意見，改高昌為西州，納入新設立的安西都護府之下，開始在西域駐軍鎮守。這個戰略決定在盛唐時期確實壓制了西突厥的勢力擴張，維持了「天可汗」的威信。

天可汗唯一一次敗績是遠征高句麗，但跟隋煬帝征高句麗只是為滿足個人好大喜功不同，唐太宗征高句麗是因為高句麗跟百濟聯合，切斷了新羅跟大唐間的貿易通道。天可汗派出使者，調停朝鮮半島上這三個國家間的紛爭，可是高句麗跟百濟不理會，天可汗只好出兵，卻「六旬不能攻克」，無功而返。

唐太宗晚年還在慨嘆「以天下之眾，困於小夷」，而用這樣一次失敗來結束他的戎馬生涯，不亦悲夫！

【贊】

唐太宗從高句麗敗回長安，慨嘆：「如果魏徵還在世，一定不會讓我有此失敗。」這番話跟曹操在赤壁之戰後說的相仿，但是意思完全不同：曹操是認為，若郭嘉仍在世，應該會讓他改變戰略（先取益州）而獲勝；李世民則是認為，魏徵可以諫阻他遠征高句麗。

李世民曾經評論自己，他為什麼能夠收服戎、狄，「取古人所不能取，臣古人所不能臣」，根本的原因是「順眾人之所欲」。也就是不強迫其他部族違反本性，「因人之心，順地之勢，與民同利」。他說：「自古皆貴中華，賤夷狄，朕獨愛之如一，故其種落皆依朕如父母。」這是他能夠成為天可汗的條件。

然而，李世民有自己的能力、魅力，可以讓四夷賓服，但是他卻沒有建立一個制度，讓大唐帝國能夠更久遠的做為「天可汗」。反而由於唐太宗用了很多番將，讓很多草原民族遷入長城內，間接造成後來的「安史之亂」，這恐怕是他始料所未及的了。

6、貞觀之治——水能載舟，亦能覆舟

四夷君長向唐太宗上「天可汗」那一年，大唐帝國也迎來第一個豐年——貞觀元年關中鬧飢荒，二年全國多處蝗災，三年關中水災，「是歲，天下大稔（稔，穀熟；大稔，豐收）」，貞觀之治可以說是從貞觀四年開始。

對老百姓而言，頡利成擒的軍事勝利相較於內政上的成就，不過是錦上添花而已：流散者都回到鄉里，米價一斗不過三、四錢，全年判死刑者二十九人；東到大海，南到武嶺，都外戶不閉；行旅千里可以不帶糧食，途中不愁買不到食物。這是貞觀之治的社會剪影，用今天的語言來說：人民安居、物價低廉、社會祥和、治安良好、物資不缺，老百姓夫復何求！

唐太宗當時對長孫無忌（長孫皇后的哥哥，宰相之一）說：「貞觀之初，有人建議我總攬權威，以刑法治國，而且要對四夷展現武力。唯獨魏徵勸我偃武修文，認為只要中國安定，四夷自然順服。我採納了魏徵的意見，乃有今天的成果，只遺憾封德彝沒能看見！」

這番話說的是唐太宗剛即位時的一次「御前辯論」：

唐太宗對群臣說：「國家經過大亂之後，恐怕老百姓不容易教化。」

魏徵說：「不是這樣，老百姓安逸久了反而難教，經過戰亂之後的愁苦百姓容易教化，猶如飢餓的人容易餵飽（不挑食）的道理。」

封德彝出面反對：「三代以下，人性漸漸惡化，秦代用刑法，漢代王霸兼用，不是不想教化，是純用教化無法治理人心。魏徵是書生之見，不識時務，如果採納他那一套，國家恐怕敗壞。」

魏徵反駁：「每一代有一代的治理方法，因此大亂之後常有大治。如果說上古以來人心持續不斷惡化，那今人豈不都成為鬼魅了？」

唐太宗最後決定採納魏徵的意見。

【贊】

這個辯論過程，似乎是《貞觀政要》裡最普遍的君臣對話場景，然以其發生於貞觀元年，因此意義深遠：

封德彝當時官居右僕射，等同首席宰相。他是關隴集團的核心分子，最初在隋煬帝身邊，後來跟隨宇文化及流竄；投靠李淵後，遊走於李建成和李世民之間，但李世民即位為唐太宗，仍然予以高位——他是「永遠的執政黨」。

關隴集團的基本價值觀是崇尚強權，誰的拳頭大、槍桿子多就當老大，他們完全不吃「教化」這一套。而魏徵是巨鹿（今河北鉅鹿縣）人，被歸於關東、山東的漢人儒家一派。魏徵跟封德彝的論戰，等於是唐朝廷的兩條路線之爭，魏徵一個人要對抗整個關隴集團。

唐太宗最後採納魏徵的路線，其實需要很大的決心與抗壓性（抵擋關隴集團的壓力），所以才有「遺憾沒能讓封德彝看見」這種語氣。

魏徵跟唐太宗的另一次對話，則充分展現了唐太宗的「英明」：

唐太宗即位不久，嶺南州府上告「高州總管馮盎（隋末曾經割據嶺南八州的軍閥）叛變」達十餘次，太宗決定派右武衛大將軍藺謨等將領動員江南道、嶺南道數十州兵馬前往鎮壓。

都已經箭在弦上了，魏徵卻表示不同意見，認為馮盎「反狀未成，未宜動眾」。

太宗問：「怎麼說？」

魏徵說：「馮盎如果真造反，必定分兵據險，攻掠州縣。如今告他造反的報告已經很多且很久了，卻沒有報告說馮盎的兵馬攻打了哪些縣城，顯示他並非真正造反。各州縣既然告他狀，陛下又不派遣使節前往安撫，他畏死，所以不敢入朝。如果派出親信大臣示以至誠，必定可以不動干戈而免除戰事。」

於是唐太宗派出使節前往嶺南宣撫，馮盎隨即命兒子馮智戴隨使者到長安朝覲（交出人質以示忠誠）。唐太宗說：「魏徵這個建議勝過十萬大軍啊！」

四年後，嶺南諸洞獠造反，擁眾數萬人，馮盎以自己所掌控的軍隊二萬人予以平定——魏徵當初的建議等於又添了十萬大軍！

【贊】

魏徵這一次「對抗」的是已經整裝待發的軍方，難度更高（出征對將領而言等同發大財）。

唐太宗在聽了魏徵的分析之後，有足夠的智慧立即領悟「我被那些地方官矇了」，而且能立即收回成命，改弦易轍，不怕被將領認為「皇帝耳根子軟，輕易更改成命」。

所以稱他「英明」：英就是知錯的睿智，明就是分辨黑白的能力。

事實上，整個「貞觀之治」就建築在唐太宗的英明上面。所謂「君明臣直」，君不明，臣哪敢直？

直臣碰上昏君只有一個下場——腦袋搬家。

歷史上常將唐太宗與漢武帝並稱，他倆最大的差別在於：漢武帝完全承襲父祖留下來的基業（文景之治），而唐太宗經歷了打天下的艱辛過程。

此所以《貞觀政要》中，唐太宗第一句就是「為君之道，必須先存百姓」，這在漢武帝身上是看不到的。此亦所以在渭水橋與頡利可汗對話之後，頡利貢獻馬三千、羊萬口，可是太宗不接受，卻要求突厥放歸被擄去的人口。

到貞觀三年，從塞外等地返還的人口計一百二十萬之多——唐太宗深切明白人口是生產的基礎，而人心是團結的基礎，他能接受「水能載舟，亦能覆舟」的說法，而漢武帝不可能。

【原典精華】

太宗謂侍臣曰：「……可愛非君，可畏非民。天子者，有道則人推而為主，無道則人棄而不用，誠可畏也。」

魏徵對曰：「……『君，舟也；人，水也。水能載舟，亦能覆舟。』陛下以為可畏，誠如聖旨。」

——《貞觀政要・政體》

唐太宗說：「當皇帝讓人民幸福，人民就會擁護他，如果讓人民痛苦，就會遭人心背棄而垮台，箇中道理值得敬畏。」

魏徵回答：「國君好比船，人民好比水。水能載舟，也能覆舟。陛下認為這道理值得敬畏，確實英明。」

貞觀名臣雖多，但幾乎只成就了一個魏徵。

事實上，是唐太宗選中了魏徵，而魏徵也夠聰明，能夠「配合演出」，成就了李世民的千古明君形象：

說一下魏徵來歷，他堪稱隋末逐鹿大戲中的「跳槽冠軍」：歷事元寶藏、李密、李淵、竇建德、李建成，李世民的「敵陣營」他幾乎都待過了。或許就是這個緣故，玄武門兵變之後，李世民問魏徵「你為什麼離間我們兄弟感情」，魏徵的回答幾乎是豁出去的。

【原典精華】

初，洗馬魏徵常勸太子建成早除秦王，及建成敗，世民召徵謂曰：「汝何為離間我兄弟！」眾為之危懼。徵舉止自若，對曰：「先太子早從徵言，必無今日之禍。」世民素重其才，改容禮之，引為詹事主簿。

——《資治通鑑・唐紀七》

當李建成還是太子時，魏徵擔任洗馬（又稱洗馬，太子侍從官員），好幾次勸太子「及早除去秦王」，等到玄武門兵變後，李世民當了太子，把魏徵叫來，質問他：「你為什麼離間我們兄弟感情！」魏徵舉止如常，說：「先太子（李建成）如果早聽我的話，就不會遭到今天的禍事。」李世民一向敬重魏徵的才能，聞言改變態度，以禮待之，聘他為詹事府（總管太子宮事務）文書主管。

就在那一刻，魏徵發現「李世民需要他」，而且領悟李世民需要他扮演特定角色，於是傾力配合演出。

【贊】

李世民需要一個幫他建立自己大度容諫形象的臣子，而魏徵過去一直是「敵人」，且跟關隴集團完全沒有關係，如此條件是房玄齡、杜如晦都不具備的。

也就是說，李世民透過魏徵，贏得了歷史名聲。這一點，曹操也很想要，可是曹操沒有一個「魏徵」，或者說，曹操的智慧不及李世民，沒有刻意製造一個。重點更在於，李世民建立了一個「天命」，而曹操沒有。

當然，不能因此而否定李世民的英明與貞觀之治的偉大，畢竟那是中國歷史上，人民最幸福又最具光榮感的一段時期。

卷五

赤貧階級得天命

——明太祖朱元璋

「若天命在我，固自有時，毋庸汲汲也。」

朱元璋和劉邦經常被相提並論，除了他倆是同鄉（朱元璋出生於濠州鍾離，今安徽鳳陽，但祖籍是沛縣）之外，主要由於他倆都是「無產階級得天下」。然而，劉邦家裡其實有產，只不過他不事生產而已；朱元璋則是赤貧階級，父親朱五四流離好幾個地方，到了鍾離才定居，家中貧無立錐之地，朱元璋為了吃飯，投靠皇覺寺當小沙彌。此所以劉邦的無產階級性格是江湖氣（豪爽），而朱元璋的無產階級性格是貧民氣（仇恨）。

在他之前，因著人民的仇恨而當上皇帝的是黃巢，但朱元璋遠遠超越黃巢，他不但打敗逐鹿群雄，還趕走元朝蒙古統治者，更親自規劃了大明王朝的制度。後面這一點，朱元璋不但超越劉邦，更遠勝劉秀（因襲西漢制度）、曹操（沿襲東漢體制）、李世民（承襲北周、隋朝執政集團）。

然而，不像劉邦的對手很多都是戰國時的貴族或士階級後人，朱元璋的對手全部都是平民，而那是元朝的制度使然。元朝將社會階級分為四等：蒙古人、色目人（西域部族，眼珠非黑色）、漢人（北方受過遼、金統治）、南人（南宋統治範圍）；將職業分十等：一官、二吏、三僧、四道、五醫、六工、七獵、八民、九儒、十丐。亦即造反的全都是「低等人種」，且只有三等以後的職業造反，沒有所謂「高門第」可以號召群眾，知識分子也完全沒有社會影響力——朱元璋必須識得好壞（包括人才與意見的好壞），甚至自己設想規劃（包括戰略與執行）。

史家常以「誅殺功臣」為劉邦與朱元璋兩人的相同點，當然他倆跟宋太祖趙匡胤「杯酒釋兵權」的寬仁作風截然不同，但在這點還是有程度上的差異：劉邦殺了異姓諸「王」（韓信、彭越、英布等），可是他跟異姓諸「侯」訂了白馬之盟，基本概念是「分潤」；可是朱元璋把跟他一起打天下的功臣幾乎殺光了（得享天年的只有一個湯和，常遇春早死不論），基本概念是「獨享」。

朱元璋屢興大獄，也跟他的赤貧出身有關係。由於幼少年期的經驗，他對老百姓生活疾苦特別敏感，每攻下一地，總是先減免當地賦稅，同時要求官吏不可法網太密，對貪官汙吏更是特別痛恨。

一位非常能幹的官員開濟，其他人幹不好的事，不論田賦、獄訟、工役、河渠，到他手上就搞定。他的本職是刑部尚書，一個太精明能幹的司法首長，免不了的會「議法巧密」，也就是成為一位酷吏。朱元璋愛其才，卻不樂見他用法過於深刻，因此對開濟說：「竭澤而漁會傷及魚苗，焚燒山林開墾農田會傷及幼小的鳥獸，司法太過苛密，老百姓怎麼受得了？這不是我想要的。」可是開濟非但沒有改變作風，還做出一件大壞事：收賄縱放罪犯，用另一位死囚頂替，被獄吏揭發，竟然將那位獄吏打死！這下朱元璋不饒他，下詔處死。

另一件事可見他跟本書前面幾位開國君王的不同：

【原典精華】

下令曰：「……曩因民間造酒，糜費米麥，故行禁酒之令。然不塞其源而欲遏其流，不可也。其令今歲農民毋得種秫。」

——《明史紀事本末．開國規模》

簡單說，朱元璋為了讓米麥盡量用於讓大眾吃飽，因此下禁酒令，可是私釀之風卻始終難以遏制，所以下令不許種「秫」。秫是一種專門用來釀酒的高粱，為什麼不准種秫能夠「塞其源」呢？因為取締私釀不容易，可是秫種在田裡，藏不了，禁之容易，農民不種秫就「塞」了高粱酒的「源」。畢竟用米麥釀酒成本較高，釀酒器具不釀高粱酒，民眾設置的意願就低了，而減少釀酒器具，禁酒令就成功了一半，田裡都種米麥乃可以盡量供應人民和軍隊糧食——皇帝管到了執行細節，是因為朱元璋知道農民大眾的生活實況，這在曹操、李世民那種君王是不會發生的。

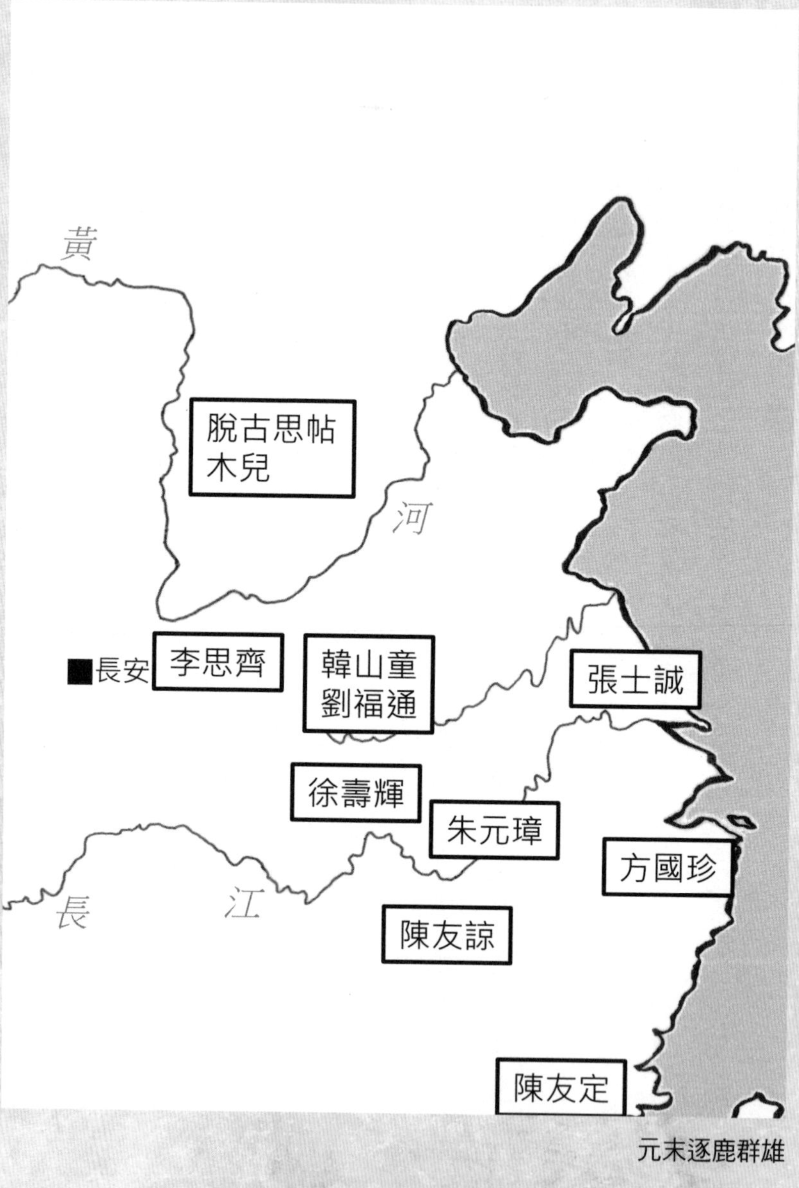
黃
河
脫古思帖木兒
長安
李思齊
韓山童
劉福通
張士誠
徐壽輝
朱元璋
方國珍
長
江
陳友諒
陳友定

元末逐鹿群雄

這樣一位「赤腳革命英雄」，打天下容或不難，治天下的本事又打哪來？來自讀書。史載明太祖「身在行間，手不輟書」，也就是戎馬倥傯近二十年（從投軍到元順帝北遁），他總是利用時間讀書。

【覘】

一個吃飯都成問題的小和尚，為了吃飯而投軍，怎麼可能手不輟書？打仗是很累的，驅赴戰場分秒必爭，行軍更不是遠足，得時時警戒；一旦開戰，敵我你死我活，既要專注又耗費體力；戰鬥結束時，累都累死了，哪還有心思讀書？即使後來成為領袖，只要指揮，不必廝殺，但責任更重而心理負擔更大，休息時又哪還有心情讀書？

可是朱元璋做到了，而且憑著自修得來的知識，日後親手建立大明王朝的制度，看得出有他獨到的使命感和周密巧思。因此我們有理由相信：那個投軍小和尚自始就懷有大志。

這一點又跟劉邦不一樣了：劉邦說「大丈夫當如是也」的心態，如馬援說的

「無可，無不可」（成敗都不在乎），但朱元璋的企圖心明顯高過劉邦——他既然投軍就要爭天下，而且一直在為得天下以後做準備。

《明史》中對於朱元璋的「天命」記載很多，最具代表性的兩則是常遇春和劉基（劉伯溫）：

常遇春年輕時參加劉聚的盜匪集團，有一天在田間假寐，夢見有一個披著金甲、手持盾牌的神人對著他喊：「起來，起來，主君來了！」常遇春醒來，剛好看到朱元璋和隨從騎馬到來，就此追隨。

劉基是元朝的進士，元朝不但將人民分成四等，考試錄取也將蒙古／色目，跟漢人／南人分開。而漢人、南人在數量上居絕大多數，但進士錄取名額卻是一樣，也就是說，劉基屬於第一等人才。然而，這位第一等人才卻不甘願屈居元朝小官，寧願放情於江湖。有一次，他跟朋友同遊杭州西湖，看見西北方天空「起異雲」，劉基說：「這是天子氣，十年後會應在金陵，我將輔佐他。」

當時元朝還沒有衰象，杭州仍然一派富庶盛況，朋友都為他的反動言論「大駭」，當他講「肖話」。然而，當朱元璋攻下應天（今江蘇南京，也稱金陵、建康、集慶）後，劉基就前往投效。

這兩個故事有開國元勛的背書，所以載入史冊，成為朱元璋有「天命」的佐證。可是朱元璋本人反而很務實，雖然他企圖心十足，打開始就想到要為治天下做好準備，但是在擊敗強敵陳友諒之後，環顧南方已經沒有強勁對手，李善長（當時朱元璋是吳王，李善長是相國）率諸臣勸進稱帝，朱元璋說：「若天命在我，固自有時，毋庸汲汲也！」（時機到了，自然水到渠成，不必汲汲營營。）

另一個故事顯示朱元璋對「天命」的觀念是務實的：

第一次擊敗陳友諒，諸將都主張乘勝追擊，直搗武昌（陳友諒大本營）。當時戰報傳來，小明王在安豐城（今安徽壽縣境內）受到張士誠的急攻，朱元璋率諸將前往救援，劉基力諫，不聽，結果陳友諒大軍二次重來，朱元璋不得不脫離東線戰場，趕去鄱陽湖跟陳友諒決戰。所幸鄱陽湖之戰得勝，陳友諒死於流矢。

朱元璋對劉基說：「我不該去安豐，才給了陳友諒機會，兩面作戰進退失據，差一點大事去矣。幸好陳友諒不攻建康，卻攻南昌，他採取了下策，因此敗亡。於是我知道『天命有所歸』矣！」也就是說，他認為決策正確才是大事成功的先決條件，而運氣只是充分條件，兩者加起來才是「天命」。

【贊】

朱元璋對劉基說這話，等於是向他承認先前「沒聽你諫言」的錯誤。這跟劉邦在白登之戰脫險後，向婁敬認錯「悔不聽先生之言」，是一樣的領袖特質。

而他跟劉邦一樣，為了保護自己打下來的天下而誅殺功臣，也得到和劉邦一樣的後果：西漢後來發生七國之亂，是劉姓藩王叛變；明朝發生靖難之變，也是朱姓藩王叛變。雖然前者造反失敗，而後者造反成功，但明朝終究還是朱氏子孫的天下，一個新的「天命」就此確立。

朱元璋從赤貧到皇帝的過程，可以用大自然來比喻：一場森林大火之後，焦土上開始冒出各種新芽，會有一個樹種打敗所有樹木，形成一個新的森林——起源只是一粒種子，而朱元璋就是大明王朝的那粒「種子」。

易言之，元朝的暴政、劣政使得當時中國社會成為一片焦土，無論如何都會「冒出新芽」。當時的「焦土」狀況如何？朱元璋又如何「冒出」？且看下章。

1、紅軍起義——小和尚成了副元帥

蒙古人建立的元朝有著很多面貌：成吉思汗一統歐亞大陸的霸業、馬可孛羅眼中的東方先進大國、馬致遠（元曲大家）筆下的士大夫象牙塔……，事實上，當時大多數的中國人都在水深火熱之中——蒙古官員的貪汙腐敗跟元帝國的軍事武力一樣空前，甚至小到製造一張弓，都要受到好幾個官員的「監製」，每一個人都要從那張弓上面榨取一些好處，以維持自己的享受。漢人和南人都心知肚明，所有的苦難都來自「韃子」，除非趕走韃子，否則暴政不會終止。

因此，當白蓮教以「明王出世，彌勒降生」號召群眾起義，立刻風起雲湧。更恰巧的是黃河決口改道「奪淮入海」，洪水沖毀了六百里狹長地帶上的所有田地、村莊，數十萬無家可歸的飢民，為義軍提供了無窮兵源。

白蓮教的起源是佛教淨土宗，經過白蓮宗、彌陀宗的演化，中間摻入祆教、景教、摩尼教等外來宗教元素，在元末成為飢民的來世寄望。他們寄望彌勒降生可以拯救蒼生，並在彭瑩玉的奔走傳布下，形成許多股反元「紅軍」。

紅軍．青軍．黃軍

從南北朝開始有「將來有彌勒佛方繼釋迦而降世」的說法，隋煬帝時就有變民以彌勒佛為號召，唐、宋亦然，也就是說，彌勒佛從來就是一個「革命菩薩」。

彭瑩玉秘密傳布的混血宗教，奉彌勒佛和「明王」（既是佛陀、菩薩的忿怒化身，又是祆教拜火的主神化身），金庸武俠小說《倚天屠龍記》裡的明教，以及明教五散人中的彭和尚彭瑩玉、布袋和尚說不得，都取材自元末白蓮教。

最初幾股白蓮教起義都被撲滅，直到韓山童跟劉福通起義（也就是傳說中月餅餡藏字條「八月十五殺韃子」那次），韓山童自稱「明王」，軍隊以紅巾裹頭為記，一時風起雲湧，各路義軍都以紅巾裹頭（有些更身著紅襖），通稱為紅軍。

相對於紅軍的是「青軍」，穿著青色制服，那是元朝官軍和招募來的傭兵（官方稱之為「義軍」）。

另外有一些地主招募來保家衛鄉的團練，以黃布包頭，稱「黃包軍」。

朱元璋就出生在這個時代，他為了餬口寄居皇覺寺，皇覺寺僧多粥少時，他也曾出外雲遊（雲遊時實質意義是托缽乞食）三年，回寺後眼界開了，心也大了，消息也靈通了（雲遊時結交的朋友），聽說附近濠州（縣治就在鍾離）被紅軍攻下，頭目是郭子興、孫德崖、張天祐等，朱元璋於是決定就近投軍。

濠州紅軍屬於「東路紅軍」，韓山童出師未捷身先死，劉福通擁立他的兒子韓林兒為「小明王」，國號宋。江南義軍雖多以小明王為名義上的領袖，實質上則各自獨立，郭子興和孫德崖就是兩支獨立紅軍，聯手攻下了濠州。「西路紅軍」領袖徐壽輝占領長江中游，自行稱帝，國號天完。

朱元璋到了郭子興大營，由於他身材高大，面貌極有特色（滿臉麻子），這副醜像卻讓郭子興對他印象深刻，復因朱元璋表現不俗，很快就被任命為親兵十夫長，也就是在大帥身旁當差。郭子興對朱元璋有了更深的瞭解之後，將自己的養女馬氏嫁給了他，馬氏就是後來的馬皇后，元璋也是這時改的名（以前名叫朱重八），還多了一個字「國瑞」。

濠州城內此時有「二王、五元帥」（其實都是游擊隊，隨頭目高興用什麼稱號），彼此之間互不相讓，只有在元軍來攻時團結守城，平時摩擦衝突不斷。朱元璋見此狀，決定應該要有自己的部隊，於是回到家鄉募兵。不到十天，募到七百多人，兒時伙伴徐達、湯和都來加入，朱元璋升為鎮撫，一躍而為帶兵官。

【覷】

小和尚胸懷大志於此時看出：才脫離寄身佛寺轉而投軍（換一個不愁吃飯的地方），很快就成為大帥貼身親兵，又成了大帥的乾女婿（軍中稱他「朱公子」），如果是普通角色，多半是春風得意，一邊驕其同袍，吹噓尊大；一邊仰承上意，唯恐失寵；但朱元璋不是這等角色。

當時的紅軍山頭林立，說好聽是起義軍，說不好聽是土匪。一般土匪在攻占城池之後，多半滿足於吃香喝辣的現狀，朱元璋回鄉募兵，很顯然是想要做「義軍」的事業，而不想當「土匪」。然而，新兵都是因為沒飯吃而來，進了濠州城，耳濡目染，很快就融入那個「土匪文化」，不能「配合」朱元璋的大志。

同時，朱元璋看得很清楚，當時的濠州城是「一個埤塘五條龍」，留在那裡肯定沒有前途，當個蝦兵蟹將對著泥鰍耀武揚威不是他要的。於是他將七百人部隊交出，自己帶著包括徐達、湯和等二十四位弟兄（想必經他篩選過，能夠「配合」他的大志），南向經略定遠（今安徽定遠縣）。

定遠當地有一些變民軍，幾乎都處在一個相同困境：缺糧。朱元璋用不同方法收編了三個山寨：「驢牌寨」是誘執其帥，得壯士三千人；又招降「秦把頭」，得八百人；夜襲「橫澗山」，降服二萬人。這次定遠行動除了收編二萬多軍隊，更大的收穫是人才來歸：一組是馮國用與馮國勝兄弟，另一位是李善長。

馮國用跟朱元璋交談，確定了「先取金陵」的戰略；李善長初見朱元璋，就勉勵他效法漢高祖劉邦，「平天下，拯斯民於水火」。事實上，李善長絕非拍馬屁，他本人也效法蕭何，不但是明朝開國第一功臣，更是建國以後建立帝國制度的首席宰相。

憑著在定遠收編的軍隊，朱元璋攻下了滁陽（今安徽滁州市內），此時消息傳來，郭子興跟濠州其他王、帥不和，差點被殺，於是朱元璋將郭子興迎至滁陽。郭子興自稱滁陽王，但滁陽事實上是朱元璋的地盤，郭子興甚至一度「沒收」朱元璋的兵權，朱元璋都沒有怨言，反而態度愈發恭敬。

直到元朝宰相脫脫領兵攻打張士誠，攻克高郵後，分兵包圍六合，兩地都在滁陽附近，張士誠向郭子興求救，諸將都不敢前往，只有朱元璋願意帶兵往援。後來元兵轉向攻打滁州，朱元璋在滁水畔設伏，令前軍佯敗，引誘元兵渡河，然後朱元璋發動伏兵，滁陽城中軍隊也鼓譟而出，元兵敗走。經此二役，滁州軍隊漸漸心向朱元璋。

郭子興的兩個兒子認為必須除掉朱元璋，陰謀在酒中下毒，害死朱元璋。可是消息走漏，到了宴會那一天，朱元璋跟二郭一同前往，途中突然坐騎躍起，抬頭看天若有所見，然後罵二郭：「我哪裡對不起你們？剛才空中有神人告訴我，你們要在酒中下毒害我！」嚇得兩位小郭汗流浹背，從此不敢動念害朱元璋。

滁陽城糧食快吃完，朱元璋勸郭子興攻取和陽城（和州州治，今安徽和縣），跟元兵幾番拉鋸，攻下後又失去，元兵追至滁陽，派人招降。朱元璋命四門守軍集合於南門，造成街市壅塞，元兵使者從南門進入，晉見郭子興。諸將多半建議殺了使者，朱元璋說：「殺了他，對方會以為我們怕了，才滅他的口，那將會促使他們攻勢更急。不如用大話唬他，然後放他回去，對方將會有所顧忌而不敢前進。」郭子興採納了這個意見，隔天，元兵果然退去。這時朱元璋趕緊收拾敗兵，急攻和陽城，城下，郭子興任命朱元璋為和州總兵。

【贊】

朱元璋忍氣吞聲事奉郭子興，因為他知道自己出身卑微，即使兵是自己的，城是自己打下來的，但是諸將都清楚自己的來歷，必須有郭子興的派令，才能讓全軍聽令。這一點，跟曹操需要漢獻帝（才能挾天子以令諸侯）的情況相近。

而他縱放元軍來使的理由，卻跟唐太宗不放突厥來使的理由恰恰相反，那是因為面對的狀況相反：當年突厥兵已經打到長安城下，認定唐朝兵力不足，所以李世民只能正面迎敵，不能退縮；而元兵是追擊敗兵而到了滁州，不清楚城內兵力，所以朱元璋可以唬他。

朱元璋的忍耐終於在郭子興死後看到效果，郭子興麾下軍隊至此已經都願意接受朱元璋指揮。

可是朱元璋卻不能成為元帥，因為紅軍精神領袖小明王韓林兒（其實是劉福通）派使節到和陽宣讀詔命：郭子興的兒子郭天敘為元帥，郭子興的小舅子張天祐為右副元帥，朱元璋為左副元帥。

僅僅三年，投軍小和尚已經成為副元帥，確實不容易。但是，此時的朱元璋已非吳下阿蒙，說：「大丈夫怎麼能夠受制於人呢？」不接受詔命。

2、龍盤虎踞——高築牆，廣積糧，緩稱王

說不接受詔命，是表態不願屈居郭天敘之下，卻沒有脫離紅軍的意思，因此朱元璋的旗幟仍然用小明王的國號「宋」，公文也用小明王的年號「龍鳳」，這些都是遵循最高原則「低調壯大」的必要措施。

當時的情況：劉福通領導下的宋軍攻下了開封，定為京師，傀儡小明王韓林兒安坐龍椅，派出三路大軍對蒙古政權發動總攻，攻下了今天山東、山西、陝西、內蒙、遼東，甚至進入高句麗，只沒能攻進大都（今北京）。元朝已經令不出大都，可是宋軍也耗盡力量，南方的義軍多半安於割據，不求開展，給了朱元璋極好的機會。

朱元璋的號召力提升，和州的軍隊多了，糧食漸漸緊張，於是他將目標指向太平（今安徽當塗縣），附近都是產米區。可是太平跟和陽隔著一條大江（長江），過江得有上千艘船隻才濟得了事，奈何朱元璋手下卻沒有水軍。

或許那就是「天命」——巢湖一帶的豪族俞姓、廖姓聚集了附近漁民自保，以水寇李扒頭為統帥，泊船連寨，有千餘艘大小船隻，超過萬人的水上武力。受到紅軍左君弼（非小明王系統）的攻擊，連番敗陣，李扒頭派人前來和州，跟朱元璋通款曲。朱元璋親自去到巢湖，勸他們「與其死守挨打，不如結夥渡江」，於是趁著梅雨季連下二十多天雨，「河坑盡平」，大小船隻悉數到達和州。

有了水軍，朱元璋（當時仍打著宋軍旗號）舳艫齊發，乘風渡江，在采石磯與元兵遭遇，常遇春當時剛剛加入打第一仗，「挺戈奮進，守者披靡」，諸軍鼓勇跟進，攻克采石磯，緣江堡壘紛紛歸附。

宋軍士卒看見糧食牲口，搶都來不及，口中嚷嚷著要將之搬回和州。朱元璋見狀，跟徐達商議後，將船纜繩通通斫斷，推入江流，霎時江邊空無一船，諸軍士慌亂叫苦。

朱元璋下令：「前面是太平府，子女玉帛無所不有，攻下任爾取用。」軍士於是個個奮勇爭先，兩天後攻下太平城。

大軍進城時，李善長已經在城門口張貼告示，嚴禁擄掠，違者斬首。斬了一個小兵之後，全軍肅然，可是又擔心軍心不穩，教城內富戶捐出金銀財帛，分給將士。然後在慶功宴上將李扒頭灌醉，捆住手腳，推入江中，完全掌握水軍。

【覘】

紅軍起於蘇北，攻城掠地也多往北發展，基本上都是「陸軍」，而濠州城內「一個埤塘五隻龍」的困局，正因為他們都是「旱龍」，所以沒有能力渡過長江往江南發展。

朱元璋有了水軍之後，競爭力立即超越了濠州五大帥，這是他脫穎而出的重要關鍵。

然而，朱元璋不願留在濠州與諸帥攪和，卻接受了巢湖的水泊草寇，又是什麼考量？簡單說，就是「競爭力」——有了水軍，他就有能力渡江，有能力參與江南魚米之鄉的逐鹿大賽。後來的發展完全印證這一點。

太平城耆老出城迎接朱元璋，其中有一位飽學之士陶安，朱元璋問他：「我想要攻取金陵，你的看法如何？」陶安說：「金陵是帝王之都，形勢龍盤虎踞，又有長江之險，占據金陵，然後攻取四方，無往不克，那正是老天資助你的禮物啊！」（註：今天的南京當時官方名稱是「集慶」，可是史書記載紊亂，稱集慶、金陵、建康雜然不一。）

這邊還在商議要攻集慶，那邊元兵已經攻來。青軍（元朝政府花錢招募的傭兵，制服青色，官方稱之為「義軍」）元帥陳埜先跟大將康茂才水路分道兵臨太平城下，朱元璋自己督戰守城，事先命徐達到城外預設埋伏，內外夾擊之下，陳埜先兵敗被俘。朱元璋釋放他，要他寫信招降青軍，隔天青軍通通改為紅色旗幟及頭巾，然後跟陳埜先講好合攻集慶城後，讓他率領軍隊回去。其實，陳埜先並不是誠心歸附，而朱元璋也明白。

宋軍如期攻打集慶，陳埜先跟元兵統帥福壽聯合，在秦淮河畔夾擊宋軍，宋軍大敗，郭天敘跟張天祐都戰死——朱元璋借刀殺人成功。而陳埜先則在追擊宋軍時，被恨他的反元鄉民偷襲刺死，朱元璋率軍回到太平，將士家屬則送回和州。

隔年春天，朱元璋水陸並進再攻集慶，陳埜先的兒子陳兆先率領陳埜先舊部屯駐城外，才一接戰就敗陣投降，朱元璋釋放陳兆先，並且選擇陳兆先的部下五百人納入麾下。那五百人都惶懼不安，朱元璋下令，當天夜裡由他們負責自己的宿衛，環繞主帥帳篷四周的帳篷裡，都是陳兆先的部下，原本的近衛都睡到外圍帳篷。主帥帳篷裡只有馮國用一人相伴，朱元璋本人卸下戰甲，安寢直到天明，於是所有人都不再惶懼了。

集慶城順利攻破，元兵統帥福壽戰死，陳埜先手下大將康茂才率眾來歸。朱元璋將集慶改名應天府，取「上應天命」的意思，並召集地方父老講話，說：「元朝失政，生民塗炭，我來是為民除害。你們各守原本職業，不必擔心。賢能君子願意相隨立功者，我會禮遇重用；原本不好的法令，一律廢除。」

【贊】

本章寫到這裡，從朱元璋身上看到本書前面很多人的影子：砍斷船纜讓軍士沒有退路，有項羽「破釜沉舟」的影子。用「前面太平城有得是子女玉帛」激勵士氣，有曹操「望梅止渴」的影子。卸甲安枕由降卒宿衛，有劉秀「推心置腹」的影子。召集父老講話，盡除元朝苛法，有劉邦「約法三章」的影子。於是印證了前章說的，朱元璋雖然是小沙彌投軍，可是他人在軍中卻看了很多書，學到這些開創大業的前人故事。更由於他胸懷大志，在狀況需要時，能將這些成功的作為，複製到自己的事業上。

拿下集慶之後，派出將領攻取周邊諸縣，擴大勢力範圍，陸續建置鎮江府、廣興府等，接受諸將推舉為「吳國公」，建立政府。

當時的起義軍，稍有規模就稱王、稱帝，為什麼朱元璋只稱「公」？因為有一個人給了他一個建議：「高築牆，廣積糧，緩稱王」，也就是將應天府修築成為敵人攻不下的城池，積聚足夠打天下的糧草（只要糧草足，不愁沒兵源），同時不急著稱王，以免樹大招風。這個建議符合朱元璋最初的「低調壯大」原則，而且更清楚、易記並具體。

做這個建議的名叫朱升，曾經在元朝做過學士的官，朱元璋在攻下徽州時，派人請來朱升當面請益。另一位當過元朝官的是劉基（劉伯溫），是在平定浙江過程中，派人致函並重金禮聘；跟劉基同時受聘的是宋濂，後來官居知制誥（幫皇帝起草詔書）——朱元璋在應天說的「賢能君子願意相隨立功者，我會禮遇重用」不是場面話。

【贊】

「高築牆，廣積糧，緩稱王」九字訣流傳至今，廣受引用，但是後人多半死背句子，不通時勢，反而誤用了。

最明顯的例子是清朝時洪秀全，太平天國一路從廣西打到金陵，然後就不走了，只派出將領四出征伐，幾個王留在金陵城裡享樂，乃至相互殺伐。後來各路軍都失利，回守金陵，最終被湘軍攻破圍城，諸王都「進了天國」！

洪秀全應該讀過朱元璋滅元的歷史，可是他不能審度實情——當時的滿清並沒有元朝末年那種天怒人怨，飢民滿天下的情況。另外，朱元璋軍紀嚴肅，人民都歡迎他的軍隊到來。相反的，當時人民愛鄉保家，而太平天國軍紀不佳，人民稱之為「長毛賊」，因此各地都自組鄉團跟抵抗長毛。

3、鄱陽大戰——滅陳友諒撫平東南

根據地龍盤虎踞卻低調不稱王，其實也因為形勢比人強。當時朱元璋的勢力範圍可說五面受敵：東面元將定定扼守鎮江；東南張士誠稱吳王，據有江蘇南部，並轉掠浙西；東北青軍張明鑑據揚州；南面元將八思爾不花駐徽州；西面池州是徐壽輝勢力範圍。由於元軍主力都放在堵截流竄北方的宋軍（小明王與劉福通），朱元璋先「吃」掉了鎮江，然後攻取徽州、揚州，也就是吞併孤立無援的元軍。然而，這樣免不了就跟另外兩大勢力陳友諒和張士誠，開始產生摩擦。

張士誠是販賣私鹽出身，不屬紅軍系統，此處暫且按下不表。陳友諒原本是西路紅軍徐壽輝的部下，徐壽輝起義時打的也是白蓮教紅軍旗號，可是跟韓山童（劉福通、小明王）不相統屬，勢力範圍在長江中游，且是群雄中最早稱帝的一個。陳友諒讀過書，「姿貌豐偉，膂力過人，優於武藝」，當過元朝的獄吏，個人條件優於當時逐鹿群雄。

投入徐壽輝的「天完帝國」後，陳友諒先擔任文書幕僚，後來成為「打金場」（打造兵器）的總管，並且將武昌打金場建設成為造船中心，天完帝國擁有當時最強大的艦隊，研製出「混江龍」、「塞斷江」、「撞倒山」、「江海鰲」等功能各具的大型戰艦。陳友諒晉升為領兵元帥後，迭建戰功，將勢力伸進江西，然後挾持徐壽輝，遷都江州（今江西九江市），並自立為漢王。

為了方便，我們稱朱元璋為「明」，稱陳友諒為「漢」——明、漢兩軍的勢力接壤之後，兩雄之爭已經無可避免。

陳友諒並沒有將朱元璋放在眼裡，他高調聲言要攻安慶，常遇春研判陳友諒會先攻池州，將精銳部隊埋伏在九華山，而以羸弱部隊守城，等到陳友諒軍隊開至城下，城上揚旗擂鼓，伏兵聞聲殺出，絕其歸路。內外夾擊之下，陳友諒軍被斬首萬餘級，生擒三千人。隔月，陳友諒水軍攻打太平，城破，明軍守將全部殉節，雙方第一回合較量互有勝負。

陳友諒攻下太平後，刺殺徐壽輝，自稱漢帝，引兵從江州東下，直接威脅應天府，同時聯絡張士誠一同進兵，對朱元璋展開夾擊。朱元璋手下群臣有人提議投降，有人建議逃奔鍾山，因為鍾山有「王氣」，只有劉伯溫「張目不語」。

朱元璋私下召劉伯溫來請教，劉伯溫說：「先斬主張投降和逃奔鍾山者，然後傾府庫之財，以至誠凝聚軍心。戰術上則設下埋伏，攻其不備。成就大業就在此一舉了。」

朱元璋召集軍事會議，擬定戰略後，單獨將康茂才留下，說：「我有一個任務要交給你，可以嗎？」

康茂才說：「惟命是聽。」

朱元璋說：「你跟陳友諒是老朋友，如今陳友諒『入寇』，我希望他提早到來，非你不可。你馬上寫一封信，派人送去給陳友諒，假裝約好投降，作他的內應，要他盡快來。同時告訴他錯誤的我軍配置虛實，讓他兵分三路，減弱他的兵勢。」

於是康茂才的密使乘著小船到了陳友諒大營：

陳友諒得信大喜，問：「康公現在哪裡？」密使說：「現在負責守江東橋。」陳友諒：「那是座什麼橋？」答：「木橋。」陳友諒吩咐密使回去，約定：「我到的時候，就呼喚『老康』做為通關密語。」

康茂才向朱元璋報告，朱元璋高興的說：「此賊落入我的圈套了！」

朱元璋下令，拆除江東木橋，以鐵跟石塊重建，一夜之間完成。然後分派將領進入各個險要據點，布置斥候，山左者持黃旗，山右者持紅旗，敵軍到時舉紅旗。各軍進入戰鬥位置，見黃旗一舉，伏兵全面發動。

陳友諒的艦隊到了，直衝江東橋，一看，傻眼了，居然不是木橋，是一座石橋（漢軍縱橫長江中游，多為巨艦，石橋無法焚燒衝破），驚疑之下，連呼：「老康！老康！」卻完全無人回應，這才醒悟是康茂才詐降，立刻轉向，派一萬人登岸立柵。

明軍這邊，朱元璋全副武裝在酷暑下督戰，頭上原本撐著大傘（蓋），看見士卒揮汗如雨，下令撤去傘蓋。諸將請求出戰，朱元璋說：「不急，天快下雨了，各軍先吃飯，吃飽了，等下雨時出擊。」

當時晴空無雲，軍隊正半信半疑間，忽然西北風吹起，不多久大雨如注。朱元璋下令舉起紅旗，前鋒軍衝出，拔起漢軍立的柵，兩軍在大雨中戰鬥。一會兒雨停了，朱元璋下令擊鼓，山左黃旗高舉，徐達、常遇春等伏兵盡出，水軍也由港內殺出，內外夾擊，漢軍潰敗，爭相逃回艦上，卻剛好遇到退潮，巨艦擱淺在江邊，殺死和溺死者不計其數，生擒戰士七千餘人，巨艦百餘艘，陳友諒乘舸（非戰艦的大船）遁走，在他的旗艦中搜到康茂才那封詐降信，朱元璋嗤之以鼻：「這蠢蛋哪裡是我對手！」

【贊】

陳友諒完全低估朱元璋，而朱元璋早就算定了陳友諒。

面對兩大強敵夾擊，朱元璋的戰略是，在張士誠仍然狐疑未決時，就擊敗陳友諒。時間是第一要素，所以用反間計誘使陳友諒加速送上門來。

戰術方面，漢軍擁有超級無敵艦隊，明軍只有小型戰船，因此朱元璋選定江東橋為誘餌，因為江東橋跨徑窄，可以一夜之間完成改建，然後將明軍的船隻藏在江東橋內的港灣。等到漢軍捨舟登陸，明軍乃有了局部優勢；再等漢軍逃回船上，明軍的船隻才穿越江東橋孔而出。

漢軍敗退，明軍追擊，在采石磯又血戰了一場，明軍損失大將張德勝，但收復了太平，漢軍則一路退回江州。朱元璋迅速接收俘獲漢軍得來的龍驤巨艦，明軍艦隊浩浩蕩蕩，水陸聯軍追擊到江州，陳友諒才發覺，以為「神兵自天而降」，倉促間無法集結軍隊應戰，帶著老婆孩子夜奔武昌。一時之間，江西境內的漢軍將領紛紛向朱元璋投誠，朱元璋於是據有江西。

隔年，陳友諒完成整補，建造超級巨艦：高數丈，上下三層，各層之間有馬匹通道，船艙中可容納數十艘櫓槳小船，船身都用鐵皮包覆，有了如此無敵巨艦，自認為必勝。於是傾巢而出，號稱六十萬大軍，進攻洪都（今江西南昌市）。漢軍全力猛攻，明軍死戰守城，被圍兩個月，將領負傷、戰死很多。朱元璋的姪兒朱文正派人到應天府告急，朱元璋交代來人：「回去跟文正說，再堅守一個月，我一定將陳友諒擊敗。」

朱元璋動員明軍所有精銳部隊，水陸軍共二十萬人，在開進鄱陽湖之前，就在進入長江的孔道設下三處伏兵，然後大軍進入鄱陽湖。這時，陳友諒已經圍攻洪都八十五天，聽說朱元璋大軍到來，就解了洪都之圍，進入鄱陽湖迎戰，一場中國歷史上規模最大的水戰於是展開。

漢軍以巨艦連結布陣，展開數十里，「旌旗樓櫓，望之如山」，氣勢奪人。朱元璋看見敵方布陣如此，對諸將說：「對方巨艦首尾相連，不利進退，我已經想出辦法。」然後將己方艦艇分為二十隊，每隊配置各種火器（當時的火器名稱有：火砲、火銃、火箭、火蒺藜、火槍等）與弓弩，並且下達指示：「靠近敵艦時，先發火器，其次弓弩，船艦接觸後以短兵器攻殺。」

大將徐達身先衝鋒，擊敗漢軍前鋒部隊，殺一千五百人，擄獲巨艦一艘而還，明軍士氣大振。大戰於是開始，明軍奮勇爭先，漢軍陷於被動，但是明軍的傷亡也不小，雙方戰到日暮，各自鳴金收兵。

第二天再戰，漢軍堅持採用火攻。

等到黃昏時分，湖面吹起東北風，風向才轉為有利。常遇春徵調民間漁船，船上載荻葦、火藥，船邊紮草人，披甲持戟，其實船上只有幾名不怕死的敢死隊，後面跟幾艘輕快小舟接應。靠近漢軍艦陣，順風縱火，風急火烈，燃著漢軍巨艦數百艘，一時烈焰滿天，湖水盡赤，漢軍死傷過半；明軍追擊，又殺二千餘人。兩軍進入夜戰，朱元璋的旗艦舟檣（桅杆）是白色，相當明顯，陳友諒發現，但時間已晚，下令隔天集中兵力進攻。可是朱元璋卻在晚上獲得情報，下令所有船艦連夜將舟檣塗成白色。

隔天再戰，漢軍看見所有船艦都是白色舟檣，內心大駭，但仍堅持「斬首計畫」，朱元璋則一再換船指揮。最驚險的一次，朱元璋才剛換船，原來那艘座艦就遭砲彈炸碎。陳友諒喜形於色，一會兒看見朱元璋出現在另一艘戰艦，乃大為沮喪。

雙方鏖戰到中午，漢軍終於撐不住，潰敗，拋棄的旗鼓器仗，滿布湖面，陳友諒只能收拾殘部，轉為防守。

兩軍相持三天，漢軍屢戰屢敗，兩員大將見大勢已去，投降了朱元璋，陳軍內部軍心動搖。陳友諒又氣又惱，下令把抓到的俘虜全部殺掉洩憤；朱元璋卻反其道而行，將俘虜全部送還，並悼死醫傷，因而大得人心。漢軍內部分崩離析，士氣更加低落，經過一個多月的對峙，加以軍糧殆盡，計窮力竭，陳友諒決定孤注一擲，冒死突圍。

漢軍大舉突圍，企圖進入長江，退回武昌，遭到朱元璋之前預設的伏兵邀擊。亂戰中，消息傳來，陳友諒在船上中流矢，「貫睛及顱」（從眼窩貫入頭顱），於是漢軍紛紛來降，陳友諒的「太子」陳善兒也被擒。

【贊】

朱元璋在漢軍砲火下，九死一生而沒死，陳友諒探個頭就中了流矢身亡，這是不是「天命」？

或許是，但朱元璋的戰術成功，才是鄱陽湖水戰勝利的主要原因，否則運氣再好也沒用。

陳友諒是讀過書且通過考試做官的，朱元璋則完全是自修，相信兩人都讀過赤壁之戰。朱元璋這招「以寡擊眾用火攻」的靈感，應該是得自於赤壁之戰，但陳友諒卻沒有警覺到「起風了，且風向不利」，才讓明軍輕易得逞。

然而朱元璋並不因勝利欣喜，反而對劉基說：「我不該去安豐的，如果陳友諒不是包圍洪都，拖延了時日（八十五天），而是直接順江而下攻打應天，我進無所成、退無所歸，大事去矣，以此知道天命所歸（非人力可以強求）。」

但是，這段話除了顯現朱元璋有異常的自省能力（常人在失敗後自省已經值得稱讚，鮮有人在勝利之後還開檢討會）之外，陳友諒的戰略錯誤則是他「不得天命」的原因。

而朱元璋話中提到「不該去安豐」又是怎麼回事？

安豐（今安徽壽縣）是小明王的都城，當時江北局勢有了大變化，紅軍後援不繼，被元軍各個收拾，安豐漸漸成為一座孤城。就在明、漢兩軍「江東橋之役」時，張士誠的大將呂珍包圍安豐，劉福通派人向朱元璋求援。劉基反對出兵「救駕」，可是朱元璋認為安豐一旦失守，應天失去屏蔽，不能不救。結果明軍在劉福通戰死、安豐城陷落的最後一刻到達，救出小明王，暫時安置在滁州，成為朱元璋的傀儡。而當朱元璋出兵安豐時，陳友諒進攻洪都。

消滅陳友諒之後，朱元璋派大將廖永忠前往滁州迎接小明王，可是在瓜州渡過長江時，小明王所乘船隻卻沉沒了！小明王既死，以李善長為首，群臣請朱元璋即位稱帝，可是朱元璋只答應稱吳王，並出兵征討另一個「吳王」張士誠。

張士誠不是紅軍系統，不以信仰為凝聚力，因此他反反覆覆，屢次接受元朝招撫，又不斷叛變，接受招撫的價碼則一再提高，他的地盤都是魚米之鄉，人口多且富庶。

針對張士誠的性格（貪婪、反覆、狐疑），朱元璋採取分段戰略：不將張士誠逼到絕路，讓他保持期待苟免之心。先攻擊吳國北境淮水流域，花了半年時間，將吳軍拘束在長江以南；四個月後，進攻湖州、杭州，切斷吳國左右臂膀，對平江（今江蘇蘇州市）構成包圍形勢；三個月後包圍平江，圍城七個月攻下，張士誠自殺不成，被解送應天處決。

諸將凱旋回到應天，朱元璋親自在戟門（太廟前門，古時出師、凱旋都要到太廟告祭）迎接，並在論功行賞之後，宣布：「今當北定中原矣，各努力！」隔天諸將入謝，朱元璋又說：「我難道不想宴請諸位，盡一日之歡？可是中原未平，現在還不是為樂之時。」——朱元璋連「高興一天」都不要，洪秀全大概沒看過這一段，否則不會跟諸王在金陵享樂，卒歸失敗。

之後，朱元璋派將領征討浙西，方國珍投降。接著平閩、平兩廣，南方底定後，北伐「驅逐韃虜」已經沒有後顧之憂了。

4、大局在握——遙控各路遠征軍

在平滅陳友諒之後、征討張士誠之前，朱元璋採取了一項軍事行動：攻取湖、廣、湘、漢諸郡，也就是將今天湖南、湖北，包括河南南部納入掌握。

在出兵之前，朱元璋跟徐達、常遇春論及荊襄形勢，說：「襄陽是南北之襟喉，英雄必爭之地。最近剛得到沔陽（今湖北仙桃市，元朝設沔陽府，是荊襄地區行政中心），譬諸樹木，沔陽是樹幹，安陸、襄陽是枝葉，應該增兵沔陽，並盡快取得安陸、襄陽。」

朱元璋命常遇春為主帥出征，然後調鄧愈為湖廣平章政事（行省最高長官），並對他下達指令：「常遇春出兵安陸、襄陽，你帶兵跟在後頭，凡攻取州郡，你都駐兵撫輯。我聽說王保保（元朝將領）駐紮汝寧（今河南汝南縣），他的作風如『築堤壅水，唯恐滲漏』，你去，要愛軍恤民，爭取人民歸心。人心所歸將如同在他的堤防上穿穴，大水從穴中沖出，力少而功多。」

【覘】

朱元璋這一招，其實就是現代的「戰地政務」。

他非常清楚自己得以從小沙彌成為吳王，完全是因為元政權徹底失去人心，元失其鹿才給了所有逐鹿英雄機會。當時雖然元兵敗相已現，常遇春有把握取得勝利，但是為了跟蒙古軍隊硬拚而耗損戰力，等於減損自己在逐鹿戰場的勝算，因此在大軍後面跟隨戰地政務部隊，爭取戰地人心，然後透過口語傳播，鬆動敵方控制區的人心。

而上述跟徐達、常遇春的討論，也顯示朱元璋對戰略形勢很有把握，這在往後的統一戰爭中看得更加明顯——朱元璋不再自己領軍，但所有遠征軍都在他的掌握之中。

在跟張士誠的決戰過程中，泰州（今江蘇泰州市）的戰略位置重要，朱元璋派徐達掛帥征討。這時，江陰水寨守將康茂才（騙得陳友諒團團轉那位）報稱：「張士誠水軍四百艘出長江口，另派小舟於江心孤山往來出沒，動機不明。」

朱元璋隨即諭知徐達：「對方艦隊出長江卻停而不前，那只是想要分散我方兵力，你先派廖永忠回軍水寨，本陣大軍不可輕動。賊寇徘徊江上，待他自己師老兵疲，泰州必定失去抵抗意志，一旦攻克，江北將不戰而潰。」一個月後，泰州攻克。

類似這樣的「諭」，後來成為明軍常態，朱元璋不斷的證明，他的判斷與見解比諸將高明，而且常常在大軍出動前，朱元璋已經掌握全局。

與張士誠大決戰之前，朱元璋問徐達、常遇春：「你們這次想怎麼進兵？」

常遇春說：「直搗平江（今江蘇蘇州市內，張士誠老巢），平江一破，其餘諸郡自然瓦解。」

朱元璋說：「不對。張士誠是鹽梟出身，他的羽翼如張天騏、潘原明者流都是強悍角色，他們以江湖義氣結合，一定會併力相救。如果我們逕攻姑蘇（蘇州古名），而張天騏從湖州、潘原明從杭州出擊，對方援兵四面合攏，我軍難以取勝。不如分兵攻湖州、杭州，翦其羽翼，更讓張士誠四面告急，疲於奔命。等到姑蘇成為孤城，就容易多了。」

於是，徐達派李文忠攻杭州、華雲龍攻嘉興，自己率主力攻湖州。果然，張士誠派出援救各地方的軍隊都遇到挫折就撤回，於是張天騏、潘原明等先後投降明軍，平江陷於三面受敵（另一面是太湖），圍城七個月後，城破。

南方平定，朱元璋派徐達、常遇春領軍北伐，問他們「計將何如」，常遇春仍然一本勇將本色，主張「直搗元都，以我百戰之師，可挺竿而勝。都城既克，乘勝長驅」。朱元璋不同意，認為大都（今北京市）建都百年，城守必固，若懸師深入，大軍頓於堅城之下，將陷入困境。然後他提出自己的北伐方略：

【原典精華】

吾欲先取山東，撤其遮罩；旋師河南，斷其羽翼；拔潼關而守之，據其戶樞。天下形勢，入我掌握，然後進兵元都，則彼勢孤援絕，不戰可克。既克其都，走行雲中、九原，以及關隴，可席捲而下矣。

——《明史紀事本末・北伐中原》

簡單說，先拿山東，再收河南，攻下潼關以扼山西與山西咽喉，然後才進攻大都，攻下大都則山西、陝西就容易了。

短短幾句，天下大局盡在掌握之中。他對地理形勢的準確分析和對軍事行動的成竹在胸，當然遠遠超過當時逐鹿群雄，同時也讓諸將不得不佩服。上述戰略即使進展不順利，也能在每一個階段立於不敗之地，因此諸將都能放心執行朱元璋的戰略，也降低了可能出現「二心」的風險——不敗就不會起意倒戈，主君算無遺策，則將領不敢反叛。

北伐軍進展順利，攻克沂州（今山東臨沂市）後，朱元璋派使節「諭」徐達：「要攻益都（今山東青州市），必須派精銳扼守黃河要衝，斷其援兵。如果益都一時攻不下，就進取濟寧、濟南，這兩城攻下，則益都、山東勢窮力竭，如囊中物矣。」

及至山東平定，朱元璋再諭知徐達、常遇春：「投降的元朝官吏不要留在軍中，將他們和家屬一齊送來應天府，跟我們的官員相處親近，然後任用，方可無患。」

也就是說，大軍所向都有掌握，而軍中情況也都清楚，還能預作防範——已經發生、可能發生、期待發生的事情，都在朱元璋掌握之中。

遠征軍照既定戰略繼續攻取中原，拿下虎牢、陝縣，潼關以東全在明軍掌控之下。此時朱元璋抵達開封，集合諸將商議攻取元都，徐達認為，齊魯河洛都已攻下，外圍元兵遁逃的遁逃、觀望的觀望，元都已經是孤城，「必克無疑」。

朱元璋指著地圖說：「你說的固然都對，然而北平（當時應該還稱元大都，後來才改稱北平府）地形平曠，有利於騎兵作戰，不可無備（蒙古騎兵）。應該派裨將為先鋒，你本人督水路大軍隨後進發，糧秣由山東供給，軍隊『由秦驅趙』（沿著漳河、大運河進軍，萬一戰事不順利就上船，蒙古騎兵遇河無用武之地），對方外無援軍，內部驚惶，可不戰而下。」

果然，元順帝不斷接到戰報，之前大都內部又發生過一次流產兵變，兵變雖不成功，元順帝卻已喪膽，每天在內殿徘徊，最後嘆口氣說：「豈可重演徽、欽往事（北宋二帝被擄）！」半夜三更帶著后妃、太子，開建德門（元大都西北角城門），過居庸關到上都（今內蒙古的開平城舊址）。

朱元璋這才稱帝，國號明，是為明太祖，以應天府為南京，開封為北京。

明軍諸將掃平周圍城關後，明太祖命常遇春、李文忠繼續北伐進攻開平，元順帝不戰而走，薊北（今河北北部、內蒙一帶）通通平定。

元朝至此算是亡了，之後明軍繼續掃平山西、陝西、四川、雲南、貴州，完成天下一統的過程，也都是由明太祖「諭知」遠征軍戰略——天下大局盡在他掌握之中。

【贊】

北伐軍後來由李文忠統帥，一直追亡逐北到應昌、北慶州、紅羅山（都在今內蒙古境內），並且打聽清楚元順帝已經死了，消息報到應天，朱元璋認為他「克知天命」，特別給他諡號「順帝」，這是歷代亡國君主所沒有的「殊榮」（因為其他亡國之君都沒有後繼君王給他諡號）。

朱元璋更親自寫祭文：「生死廢興，非一時之偶然，乃天地之定數。……（你的祖先能夠橫行中國）非天命不至此，……（可是到你卻天下大亂）朕於其時，非有三軍六師以威天下，乃代君家而為民主（人民之主），亦莫非天命也！……」

這個時候，朱元璋似乎相信他自己確實「上應天命，該當天子」。否則，怎麼可能一個吃飯都成問題的小沙彌，能夠讓天下英雄都甘拜下風，前後才十八年！

然而，沉醉成功不是朱元璋此時所想的，他跟劉邦一樣，開始思考「誰會危及我的子孫？」

5、誅殺大臣——削除帝國權杖上的蒺藜刺

朱元璋從投軍到一統天下，大致上分三個階段：江北時期（由小卒到大帥）、應天時期（稱吳公到稱帝）、洪武時期（在位三十一年）。前兩個階段都有大量人才投入陣營，可是從當皇帝第三年，他就開始誅殺這些幫他打天下的功臣。

第一個被殺的是丞相楊憲。

楊憲是應天時期加入，被歸為「浙東集團」（後世史學者所歸類，相對於江北時期加入的「淮西集團」），所以跟劉基（劉伯溫）要好。朱元璋稱吳王時，任命兩位「相國」李善長和徐達，徐達是遠征軍主帥，相國頭銜是對他表示尊崇，實際政務都由李善長負責，因此淮西集團乃成為主流。

稱帝以後，相國改稱「丞相」，君尊臣卑的意味非常明顯。有一天，明太祖將劉基召入宮中，問：「我想用楊憲當丞相，你的意見如何？」

劉基何等聰明，一聽便知道皇帝是想要平衡淮西集團的勢力，他立即回答：「楊憲不適合。」

明太祖問為什麼，劉基說：「楊憲『有相才，無相器』，丞相必須持心如水，論事不論人，包容跟自己意見不同者。」

太祖再問：「汪廣洋如何？」

汪廣洋也是應天時期加入，但劉基仍然認為他「褊淺」（氣量狹窄，見識淺薄）。

再問：「胡惟庸如何？」

劉基說：「初生之犢，將不免『僨轅而破犁』（魯莽衝動而壞事）。」

朱元璋兜了個大圈子，終於說出最重要的一句：「我的宰相，恐怕沒有比先生更適合的了。」

【覘】

劉基在應天時期加入，算是浙東集團，他堪稱神機妙算，是朱元璋的「諸葛亮」，朱元璋能夠遙控各路遠征軍，劉基的謀畫厥功甚偉。

朱元璋的本意應該就是要請劉基當丞相，因此當劉基對另外三人都認為不適合時，朱元璋認為劉基自己想當，於是正式出言邀請。

可是劉基卻說：「我有自知之明，我的個性嫉惡如仇，偏又不耐煩俗事，如果當丞相，會辜負陛下的恩典。天下何患無才，英明的君主用心訪求就有，目前諸人，我實在不看好他們。」

劉基絕頂聰明，他很清楚朱元璋是想要壓抑丞相的權力，並且已經預見，皇帝要利用朝臣之間的矛盾，「拉一派，打一派」，所以堅決不幹，置身權力鬥爭的圈外。

明太祖終於還是任命楊憲為丞相。

李善長感覺氣氛不對，告病請求休養，這原本是試探皇帝的意思，而且真給他試探出來了：朱元璋毫不猶豫的批准，李善長回家養病，楊憲調升左丞相，任命汪廣洋為右丞相（明朝初年左相居高）。這兩個被劉基評為氣量狹小的丞相，果然相互不容，結果汪廣洋被鬥垮下台；而李善長又劾奏楊憲「放肆為奸事」，楊憲因此問斬，汪廣洋回鍋。李善長隨後推薦胡惟庸擔任丞相，並且把汪廣洋排擠為右丞相。

胡惟庸一點都不「庸」，正如劉基所言，他幹練有為，有魄力、有野心，卻失之太急切。汪廣洋只是個「伴食宰相」，胡惟庸大權在握，朝廷大小事都由他決定，他唯一忌諱的只有劉基，於是他指使刑部尚書吳雲檢舉劉基跟兒子劉璉與民爭地。胡惟庸奏請重辦，可是朱元璋非但不批准，還將公文給劉基看。

劉基當時已經回青田老家養病，急忙飛馳入京，見了皇帝也不辯解，只是引咎自責，卻也不敢回家，留在天子腳下保命。胡惟庸想出一計，藉探病為名，帶了醫生去劉基宅第，熱心幫劉基配藥，劉基飲下藥湯，覺得有東西積在胸中，其硬如石頭，大小如拳，三個月後病情加劇，坐船回到青田，不久就死了。

那一年，朱元璋殺了第一位開國功臣廖永忠。

廖永忠從巢湖開始追隨朱元璋，是明軍水師第一勇將，攻取太平、集慶階段無役不與，鄱陽湖之戰負責涇江口伏兵，陳友諒死後，討伐陳友諒之子陳理，戰術成功迫使投降，立下大功。為此，朱元璋特頒「功超群將，智邁雄獅」漆牌懸於門前。

之後廖永忠奉命去安豐迎接小明王回應天，乘船渡過長江時，船竟然在瓜州沉沒，小明王溺斃而亡！這是一段歷史公案，一般認為是朱元璋授意的，也有人認為是廖永忠表錯情，但最可能是劉基授意：當時朱元璋仍然奉小明王的龍鳳正朔（受封為吳公），應天政權眾臣只有劉基始終反對「奉盜賊僭號」。另一個參考是：小明王死後，朱元璋自立為吳王，所有官文書從此都不再有「龍鳳」年號（吳元年之前全改用元朝年號），文書中甚至稱紅軍為「妖寇」！

廖永忠就因為這個「疏忽」，在鄱陽湖之戰後論功行賞時，只封侯而未能封公。雖然他後來參與了平定割據四川的夏政權（明玉珍），以及漠北收拾蒙古遺兵作戰，立下更多大功，卻因被人檢舉「私穿繡有龍鳳圖案的衣服」，勾起了朱元璋心底的隱密忌諱，於是給他冠了個「僭用龍鳳」的罪名問斬。

在此之前，明太祖斬過朝臣，但都不及於開國功臣。斬了廖永忠，殺戒一開，第二個就沒那麼難以下手，而第二個就是胡惟庸。

胡惟庸從和州時就投入朱元璋陣營，跟李善長同為淮西集團，後來又跟李善長結為姻親（胡的姪女嫁給李的姪兒），李善長「養病」期間鬥倒了楊憲，就把胡惟庸拱上了丞相位子，另一位丞相汪廣洋數上數下，有很長一段期間是胡惟庸「獨相」。既然大權在握，胡惟庸又是個勇於任事的角色，當然凡事都得經他看過才能到達皇帝，趨炎附勢之徒紛紛奔競於他的門下。

有一天，胡惟庸老家舊宅的井裡長出了竹筍，竹子高出水面數尺；又有人說，胡丞相祖父的墳塚，夜裡會發光照亮天空；於是胡惟庸開始有「邪謀」——這是明史上的「誅心之論」。

然後發生一件事情：胡惟庸的家僕搞私人利益，經過關卡時，竟然侮辱關吏，關吏上奏，明太祖大怒，胡惟庸謝罪但辯解自己不知情，只殺了家僕。朱元璋此時又再追究劉基怎麼死的，胡惟庸這下怕了，乃密謀發動兵變。

胡惟庸宣稱自己家裡的水井冒出了醴泉（甘甜的泉水），恭請皇帝御駕臨幸，明太祖答應了。車駕出了西華門，內使（傳達詔命的官員）雲奇衝出拉住馬銜，但是卻因緊張而講不出話來。明太祖大怒，命左右打他，棍棒齊下，雲奇快被打死了，手臂仍然指向胡惟庸宅第。明太祖若有所悟，派人上城樓看望，發現有異狀，於是出動羽林軍包圍胡宅，搜出牆壁夾層中藏有兵器，刀槊林立。

這下子事情大條了，南京城內掀起腥風血雨：胡惟庸本人在鬧市被處以磔刑（凌遲剮），大獄牽連了一萬五千人。有人提出要辦李善長，明太祖沒同意。之後十餘年，只要明太祖看哪個不順眼，就將他羅織入胡惟庸案，且只有唯一下場——處死。估計以胡案為名，前後殺了二萬多人，而李善長則是在胡案發生後十年，自縊而死。

再下一個是藍玉案。

藍玉是常遇春的小舅子，隨常遇春從軍，直到常遇春死後才被賦予獨當一面的任務，但剛開始都是傅友德、馮勝等老將的副手。在一次遠征漠北的行動過程中，大將軍馮勝被檢舉藏匿戰利品，明太祖詔令沒收其印信，拜藍玉為大將軍「總管北征軍事」，成為總司令。次年藍玉大軍深入捕魚兒海（貝加爾湖），突襲元朝遺兵大本營，只走了元順帝的孫子脫古思帖木兒（逃走後被其部將縊殺）。忽必烈的子孫從此不再稱雄。藍玉則因此獲封涼國公，明太祖將他比作衛青、李靖——等於將自己比作漢武帝、唐太宗。

此時，開國諸將年事都老了，藍玉成為徐達、常遇春、馮勝、傅友德等之後，最能征慣戰的大將軍，他開始驕縱橫肆：蓄養莊奴魚肉鄉民，還把來查的御史趕走；大軍凱旋夜抵喜峰關，守關官吏未能及時開門迎接，他居然縱兵毀門而入；更傳出他染指元主（脫古思帖木兒）的妃子，害得那個妃子羞愧自殺。明太祖原本要封藍玉梁國公，為此改為涼國公（梁涼同音，但一字之差，卻從河南到了甘肅），並且將這些「事跡」刻在涼國公的世襲鐵券上，可是藍玉仍不警惕。

終於，錦衣衛指揮蔣瓛告發「藍玉謀反」，下獄鞫訊後，供出四名侯爵、一名伯爵、數名尚書侍郎等高官參與共謀。皇帝大發雷霆之威，主謀「剝皮實草」，與謀者除了斬首，還抄家、滅三族，株連蔓引的結果，公侯伯爵、文武大臣殺了一千五百人，明太祖手詔布告天下，更寫成一本《逆臣傳》。

至此，明太祖已經殺紅了眼，連開國第一功臣徐達都不放過：徐達背上長了個癰，將好未好時，突然皇帝賜御膳，徐達謝恩後打開一看，居然是一隻蒸鵝——醫生曾囑咐，他這個病絕對不能吃蒸鵝，而皇帝賜他蒸鵝用心就非常明白了。徐達含淚吃了那隻蒸鵝（吃下去至少家人可保），不幾天就死了。

太子朱標生性柔弱善良，他對父親說：「父皇殺太多人，會不會有干天和（破壞天地間的和氣）？」

朱元璋當場不回答，過幾天，他拿了一根刺杖（帶刺的荊棘枝），扔在地上要朱標伸手去取。朱標見刺不敢伸手，朱元璋對兒子說：「我現在做的一切，都是幫你去除杖上的刺，否則你將來怎麼坐得穩江山？」

【贊】

如果只看「誅殺功臣」一個點，朱元璋跟劉邦的思考是一樣的：削去帝國的潛在威脅。但事情不是那麼簡單。

劉邦殺的異姓諸王，如韓信、彭越、英布都各有封國土地、人民、軍隊，打敗項羽之前說是有統屬關係，其實更接近盟友性質，他們對劉邦的兒子既沒有交情，也不會有忠誠，偏偏他們比周勃、樊噲等沛縣老兄弟更會帶兵打仗——劉邦的顧慮可以理解（即使不諒解）。

可是朱元璋不一樣，他誅殺的功臣、大臣都是部下，沒有一個是盟友，也沒有一個擁有私人武力，兵變成功的可能性很低很低，幾乎找不到他必須「削去荊棘刺」的理由。

有很多論點認為是他的「小沙彌自卑感」使然，但那事實上無法求證，因此不做討論。比較理性的分析則是，朱元璋一心建立一個絕對皇權的帝國制度，包括胡惟庸那種能夠隻手遮天的丞相，或藍玉那種驕縱橫肆的大將，都造成絕對皇權的傷害，必須削去。

如果撇開誅殺功臣和大興文字獄這兩樁殘忍作為，朱元璋「建立天命」的構想、規模和周密思慮，遠非本書前面四位開基皇帝所能及，且由於朱元璋的出身條件差他們太多，更顯朱元璋之不易。

6、絕對皇權——大明王朝的性格就此確定

明太祖朱元璋的歷史形象是什麼？最多的答案應該是「誅殺功臣」。由於株連甚廣，幾次黨獄總共殺了朝臣四萬人以上。從另一個角度思考，難道不會危及朝廷的施政嗎？但事實上，洪武之治造就了一個盛世，加上後來明成祖的永樂之治，大明王朝國祚就奠基於這兩代。而朱元璋的思考、作風與規模，更決定了明朝的朝代性格。

明太祖殺功臣，但是他也殺貪官、殺巨富、殺文人，都源自他的卑賤出身。他最痛恨貪官欺壓百姓，下令貪贓六十兩以上就要梟首，甚至「剝皮實草」——明朝各府州縣衙門左首多為土地廟，剝皮刑場就在土地廟前，以致於土地廟被稱為「皮場廟」。

福建省兩個參政「笞死奸吏」，中書省上奏，明太祖批示「有司多不法，為下所持，任其縱橫，莫敢誰何。今兩參政能寘（音義同「置」）奸吏於極刑，所謂惟仁人能惡人也」，特頒璽書勞勉。（這幾句批示白話意思：主管官員貪汙，因此被下面的人抓住把柄，

只好聽任下面為所欲為。這兩個參政能夠將貪官汙吏處以極刑，其實是基於對百姓的仁愛而整肅奸人。）

他也恨地主富農，那源自他幼時父喪無地可葬的慘痛記憶。他當皇帝後，將江南一帶的地主富戶遷往他的老家鳳陽（朱元璋取「丹鳳朝陽」之意，賜名家鄉「鳳陽」）；統一後，又徙天下富戶於南京。他跟巨富沈萬三交好又翻臉的故事不贅，另一個故事：

一位江南富戶有朋友從南京來，問起京城有何新聞，朋友說京城人流傳一首皇帝新作的詩：

百僚未起朕先起，百僚已睡朕未睡。
不如江南富足翁，日高五丈猶擁被。

京城人傳頌此詩，是盛讚皇帝勤政。可是這位富戶卻心生警兆，變賣家財，買了一艘大船，裝載所有財寶，舉家遷往南洋。不久後，江南富戶都被籍沒（財產沒收，人員流放），幾無倖免。

殺文人也就是大興文字獄，奏章或文章中出現「光、禿、僧、賊、盜」都被視為諷刺他的卑賤過去，甚至「則賊」、「道盜」、「生僧」同音，都會被殺頭，估計幾十次文字獄，殺了不下萬人。

如此恐怖統治，當然必須有一個高效率的特務系統支持，那就是錦衣衛。錦衣衛跟朝廷機構（包括六部、都察院、都督府、行省）完全沒有隸屬關係，既要保護皇帝安全，又要監視文武百官、執法肅紀，「密緝而時省之」，也就是同時具有「緝」和「審」的職權，調查、逮捕、審判，乃至執行全包。

然而，明太祖雖然用錦衣衛做自己的爪牙，用它來監控、鎮壓所有官吏，乃至平民（「盜賊姦宄，街塗溝洫」都在錦衣衛的偵監範圍內）。但是當他聽說「錦衣衛多以非法鞫訊罪囚（也就是刑求逼供）」，他下令將錦衣衛所有刑具燒掉，所有案件與在押人犯全數移到刑部審理。這個動作顯示了朱元璋的內心矛盾——既要威權專制，又不想法網太密。

早在他還是吳王的時候，楊憲建議「治亂世用重典」，朱元璋對他說：「老百姓做錯事，猶如衣服積垢，加以澣濯就可以恢復清潔，人民犯罪也可以教化導入善途。用威刑讓人民不敢犯法，那種治術太差了。」

【覘】

開國君王都想要帝國永續，但因為他們的出身不同，他們考慮的重點不同，於是採用的手段都不相同。

朱元璋用「殺」來建立威權，他認為震懾住功臣、官吏、富戶、知識分子，就不會有人造反了；同時體恤廣大勞苦農民，輕徭減賦、輕刑寬獄就能讓人民歸心。他本人非常體恤農民的勞苦，洪武年間幾乎每年都有對某某地方減免稅賦的命令。

但他沒想到，他是赤貧出身，他的子孫卻生下來就是龍子龍孫！他建立的絕對皇權讓子孫能夠肆無忌憚，錦衣衛一再擴大（東廠、西廠、內廠），恐怖統治無所不在又極盡殘忍；他一再免賦，明朝後來卻因一再加稅，最終亡於一句口號「迎闖王，不納糧」。

明太祖成就洪武之治，簡單敘述他抓的幾個重點：

第一抓生產：各地興建大規模的灌溉及治水工程，農民因此有能力、有意願擴大耕地面積，自然增加糧食生產量。

第二抓稅收：隨著耕地面積擴大，進行全國性的土地測量，建立完整的「魚鱗圖冊」（以土地形狀似魚鱗而稱名），然後進行全國人口戶籍普查。最終編目完成全國的「賦役黃冊」，成為收稅和徵役的根據。

第三抓基層：在農村建立「里甲制」，每一百一十戶為一里，設里長；每里分為十甲，設甲首。這些基層組織同時具有傳達朝廷政令與治安等功能，里長與甲首時有更替，因此又成為最早的自治組織。

以上都是大明王朝中央集權體制能夠順利遂行的基礎，由於生產、稅收與地方保安能夠「維穩」，明太祖乃可以一人專制。在胡惟庸案之後，明太祖廢除了丞相和中書省，政務分到六部，直接對皇帝負責；藍玉案之前，就將大都督府分成前、後、左、右、中五個都督府，同樣由皇帝直接指揮。

【贊】

自秦始皇建立中央集權帝國制度以後，宰相（相國、丞相、大學士）的權力分三段被削：

西漢初期宰相甚至可以「封還詔書」，也就是相權有制衡君權的作用。雖然經過漢武帝時代的君權高漲，但是直到東漢還能看到「臣不敢奉詔」這樣的語言。

到了唐朝，李世民成為唐太宗之前當過尚書令，於是貞觀以後不設尚書令，只設尚書僕射（尚書省副首長），而中書令、尚書僕射、侍中（門下省首長），乃至六部尚書、侍郎，凡冠上「同中書門下三品」，就都是實質宰相，宰相人數多了，權力當然就分散（等於被削）了。

然後就是明太祖廢丞相，他指定大學士入閣議事，但大學士官等只有五品，他當皇帝時沒問題，後來逐漸行不通了，於是大學士都加以「三孤」（少師、少傅、少保）的二品頭銜。然而，內閣大學士名為「拜相」，但職權行使必須皇帝簽名用印，無論如何，宰相的權力又更小了。

除了削弱宰相權力，明太祖更規定，臣子對皇帝說話都必須跪著：古時候朝臣可以坐著跟皇帝議事；宋朝以後，皇帝坐著，臣子奏事必須站著；從明太祖以後，就只能跪著了。也就是說，從此官員見皇帝一律矮半截，清朝臣子甚至自稱「奴才」。

明太祖還建立了一個羈縻知識分子的制度：八股取士。明軍趕走韃虜之後，明太祖下令恢復科舉，這對受盡欺凌的漢人、南人知識分子而言，當然視之為救星。可是明太祖沒有要「與士大夫同治天下」，除了大興文字獄，他規定「八股取士」的遺害更深遠：天下士人為了獵取功名，一頭埋進四書五經，滿口孔孟卻忘了孔孟之道，對社會、時事完全不曉，只會寫空洞的八股文。

對於國家戰略，他定下「固守內地，永不征伐」的最高原則。這個原則一度被他的兒子明成祖朱棣打破，可是後來的大明王朝基本上遵循這八字箴言。明長城以嘉峪關為西端就是例證：嘉峪關是陰山與祁連山之間最窄處，而敦煌在嘉峪關以西，鐵道距離三百六十三公里，國防線退到嘉峪關，等於宣告大明王朝不再「出塞」。

而朱元璋跟歷代很多明君出現同一個弱點：在立儲一事上游移不定，後來更證明他選擇錯誤。他一度想立燕王朱棣為太子，最後還是維持以文弱的朱標為太子，更在朱標早逝之後，立朱標的兒子朱允炆為皇太孫，他崩逝後，朱允炆繼位，燕王朱棣發動「靖難之變」，奪了姪兒的江山——幸好還是朱元璋的血脈。（本書五位開國君主只有劉秀不發生這個問題，另外四位只有曹操「選對」，劉邦、李世民的選擇都差點壞了「天命」。）

無論如何，大明王朝的朝代性格，就在明太祖時確定了：皇權至上、內向自守、特務控制、八股取士。

〈跋〉得人才者得天命

寫完五位逐鹿勝利者之後，雖然仍舊無法得出「勝利方程式」，但是卻對一句老生常談更加肯定——得人才者得天命。

強調老生常談，其實是因為一個感嘆：亂世英雄逐鹿大賽的最後勝利者，未必是一位多麼優秀的人；因為當時的「參賽者」就這些人，並不是上帝（假如有的話）派一個人格、能力都無瑕的人來，而是上帝只能在當時現成的人當中「揀」一個。當然，因為他是上帝，所以他揀到的必定是當時的「絕品」。

易言之，如果「被上帝揀中」就是天命，那麼，他的對手應該都不如他，但事實上卻不盡然。例如，項羽比劉邦差嗎？然而，上帝最後揀中的必定是手下人才濟濟。本書五位主人翁都具有這個條件，而且都是因為他們都求才若渴，且能識人用人，因此人才都樂為他們所用。（曹操最終不得天命，是因為對手孫權、劉備具備同樣特質。）

項羽最終敗給劉邦的一大原因，就是陣營中人才不濟。另外舉三個最顯著的反證：本書提及的更始皇帝劉玄、唐朝末年的黃巢、明朝末年的李自成，他們都曾打進前朝都城，並且坐上龍椅當起皇帝，可是都沒能坐穩，都成為「敗寇」，而且就沒聽過他們手下有什麼卓越的文臣武將。

然而，由於五位主人翁的出身背景不同，他們的求賢作風也互異。劉邦和朱元璋是白衣出身，求賢詔言辭懇切：

【原典精華】

（周文王、齊桓公）皆待賢人而成名。今天下賢者智能，豈特古之人乎？患在人主不交故也，士奚由進？今吾以天之靈，賢士大夫，定有天下，以為一家。欲其長久，世世奉宗廟亡絕也。賢人已與我共平之矣，而不與吾共安利之，可乎？

——《漢書・帝紀・高帝》

天下之治，天下之賢共理之。今賢士多隱岩穴，豈有司失於敦勸歟，朝廷疏於禮待歟，抑朕寡昧不足致賢，將在位者壅蔽使不上達歟？不然，賢士大夫，幼學壯行，豈甘沒世而已哉。天下甫定，朕願與諸儒講明治道。有能輔朕濟民者，有司禮遣。

——《明史‧本紀‧太祖》

劉邦的詔書說：天下賢士每個時代都有，就看君主能不能結交賢士，我就是因為得到老天眷顧和賢士相助而得天下，希望能夠國祚綿長，世世不絕。賢人既然已經跟我一同平定天下了，怎麼可以不跟我一起治理天下呢？

最後那兩句是劉邦特有的江湖氣，朱元璋雖然也措辭懇切，表示「天下之治，天下之賢共理之」，可是態度卻謙虛多了。又說：如今賢人都隱居不出，是因為官吏沒去敦請嗎？是朝廷禮數不周嗎？還是我的德行不足以招來賢士嗎？

曹操跟李世民就不一樣了，他倆都是貴冑子弟出身，求賢的態度乃是上對下的。

【原典精華】

自古受命及中興之君，曷嘗不得賢人君子與之共治天下者乎！及其得賢也，曾不出閭巷，豈幸相遇哉？上之人求取之耳。今天下尚未定，此特求賢之急時也。

——〈曹操・求賢令〉

意思是，自古開國君主都是得到賢人才能治理天下，他們發現人才不是偶然的際遇，是在上位者主動尋求的，而現在正是特別需要訪求賢才的時刻。

書中主文有述及，曹操非常努力羅致寒門士人，以對抗高門世家，因此雖然是上對下求才，至少態度是積極的。

李世民就又不同了：

【原典精華】

上令封德彝舉賢，久無所舉。上詰之，對曰：「非不盡心，但於今未有奇才耳。」上曰：「君子用人如器，各取所長，古之致治者，豈借才於異代乎？正患己不能知，安可誣一世之人！」德彝慚而退。

——《資治通鑑・唐紀八》

李世民出身於關隴執政集團，奪取政權是「換人做」，而非「打天下」，關隴集團現成有可以立即上手的各種人才，而李世民剛好有著收納對手幹部的肚量和因才器使的能力。所以他需要新進人才乃不是求賢，甚至不是訪才，而是舉賢。封德彝舉賢不努力，而以「今世未有奇才」搪塞，被唐太宗修理「怎麼可以誣賴一世之人」。

至於劉秀，他出身耕讀世家，又曾遊學長安，所以不會特別籠絡士人，以鄧禹為例，是主動前往追隨劉秀。反倒是劉秀對待武將有獨到之處，就是寫親筆信問候、慰勞，同時以實際行動讓武人歸心，例如昆陽之戰激勵綠林兵將領、輕騎巡視銅馬部隊、休閒裝束接見馬援、對赤眉首領說「不服氣，我們重新打過」等（故事詳見本文）。

換一個角度，他們五位由於出身不同，成功歷程也不同，所謂「識才用才」，表現得自然不同。

李世民跟另外四位最大不同在於，他的「初心」不是打天下，而是「換人做做看」。因為他生長在關隴執政集團，原來隋朝的人才（如李靖、封德彝等）他都認識，收服對手人才也都因為交手過而認識，他需要的是量才器使；劉秀跟曹操原本有自己的班底，革命初期固然努力吸收人才，但劉秀在稱帝之後、曹操在赤壁之後，其核心團隊就不太有新血加入，他們需要的是展現海納百川氣度（如推心置腹、跣足出迎）；劉邦和朱元璋則是赤腳階級打天下，少年時期的弟兄或早期前來投靠的英雄豪傑，哪個是人才？哪個是壞胚？人才又能擔當什麼任務？他倆的識才天賦應該是最高等級。

無論如何，五位都有自己的一套，也有獨特的領袖魅力，使得他們能夠將人才聚集在自己身邊而擊敗對手，也因人才鼎盛而讓帝國長治久安。也就是說，兵多將廣不是一定會贏得最後勝利，滅了前朝當了皇帝也不見得能建立天命，只有得人才者能得天命。

國家圖書館出版品預行編目資料

覘天命：從貧農到豪族不同出身，他們為何都能建立王朝？／公孫策著. -- 初版. -- 臺北市：商周出版：家庭傳媒城邦分公司發行, 2018.12
面； 公分. -- (ViewPoint ; 97)
ISBN 978-986-477-581-1（平裝）

1.中國史 2.史學評論

610.8 107020603

ViewPoint 97

覘天命——從貧農到豪族不同出身，他們為何都能建立王朝？

作　　者／公孫策
企畫選書／黃靖卉
責任編輯／林淑華

版　　權／翁靜如、林心紅、邱珮芸
行銷業務／張媖茜、黃崇華
總 編 輯／黃靖卉
總 經 理／彭之琬
發 行 人／何飛鵬
法律顧問／元禾法律事務所王子文律師
出　　版／商周出版
台北市104民生東路二段141號9樓
電話：(02) 25007008　傳真：(02)25007759
E-mail：bwp.service@cite.com.tw
發　　行／英屬蓋曼群島商家庭傳媒股份有限公司城邦分公司
台北市中山區民生東路二段141號2樓
書虫客服服務專線：02-25007718；25007719
服務時間：週一至週五上午09:30-12:00；下午13:30-17:00
24小時傳真專線：02-25001990；25001991
劃撥帳號：19863813；戶名：書虫股份有限公司
讀者服務信箱：service@readingclub.com.tw
城邦讀書花園 www.cite.com.tw
香港發行所／城邦（香港）出版集團
香港灣仔駱克道193號東超商業中心1樓_ E-mail : hkcite@biznetvigator.com
電話：(852) 25086231　傳真：(852) 25789337
馬新發行所／城邦（馬新）出版集團【Cite (M) Sdn Bhd】
41, Jalan Radin Anum, Bandar Baru Sri Petaling, 57000 Kuala Lumpur, Malaysia.
電話：(603) 90578822　傳真：(603) 90576622

封面設計／許晉維
版面設計／洪菁穗
內頁排版／林曉涵
印　　刷／中原造像股份有限公司
經 銷 商／聯合發行股份有限公司
新北市231新店區寶橋路235巷6弄6號2樓　電話：(02) 2917-8022　傳真：(02)2911-0053

■2018年12月27日
■2019年 2 月20日初版2.2刷
定價350元

Printed in Taiwan

城邦讀書花園
www.cite.com.tw

 ISBN 978-986-477-581-1

廣　告　回　函
北區郵政管理登記證
北臺字第000791號
郵資已付，免貼郵票

104　台北市民生東路二段141號2樓

英屬蓋曼群島商家庭傳媒股份有限公司城邦分公司　收

請沿虛線對摺，謝謝！

書號：BU3097　　書名：胡天命　　編碼：

請於此處用膠水黏貼

商周出版

讀者回函卡

感謝您購買我們出版的書籍！請費心填寫此回函卡，我們將不定期寄上城邦集團最新的出版訊息。

不定期好禮相贈！
立即加入：商周出版
Facebook 粉絲團

姓名：________________ 性別：□男 □女

生日：西元________年________月________日

地址：________________

聯絡電話：________________ 傳真：________________

E-mail ：

學歷：□ 1. 小學 □ 2. 國中 □ 3. 高中 □ 4. 大學 □ 5. 研究所以上

職業：□ 1. 學生 □ 2. 軍公教 □ 3. 服務 □ 4. 金融 □ 5. 製造 □ 6. 資訊
□ 7. 傳播 □ 8. 自由業 □ 9. 農漁牧 □ 10. 家管 □ 11. 退休
□ 12. 其他________________

您從何種方式得知本書消息？

□ 1. 書店 □ 2. 網路 □ 3. 報紙 □ 4. 雜誌 □ 5. 廣播 □ 6. 電視
□ 7. 親友推薦 □ 8. 其他________________

您通常以何種方式購書？

□ 1. 書店 □ 2. 網路 □ 3. 傳真訂購 □ 4. 郵局劃撥 □ 5. 其他______

您喜歡閱讀那些類別的書籍？

□ 1. 財經商業 □ 2. 自然科學 □ 3. 歷史 □ 4. 法律 □ 5. 文學
□ 6. 休閒旅遊 □ 7. 小說 □ 8. 人物傳記 □ 9. 生活、勵志 □ 10. 其他

對我們的建議：________________

____

____

請於此處用膠水黏貼